Wenn es dunkel wird...

Für meine geliebten Eltern

Luca D'Ortona

Wenn es dunkel wird...

Texte, Gedichte und Kurzgeschichten

Bibliografische Information der Deutschen
Nationalbibliothek: Die Deutsche
Nationalbibliothek verzeichnet diese
Publikation in der Deutschen
Nationalbibliografie; detaillierte
bibliografische Daten sind im Internet über
dnb.dnb.de abrufbar.

© 2018 Luca D'Ortona
Cover: Stefan Schulte
Herstellung und Verlag:
BoD – Books on Demand, Norderstedt

ISBN 978-3-7392-1370-5

Inhalt

00:47

In einem Moment vollkommener Klarheit
habe ich manchmal den Eindruck
plötzlich alles zu sehen
so klar und gleichzeitig verschwommen
als hätte man ganz plötzlich
alles stumm gestellt
alles hält inne
und bewegt sich in Zeitlupe
die Gerüche
die Geräusche
klingen alle dumpf
sie erreichen mich kaum
alles kann
in diesem Moment wahrgenommen werden
auch wenn man nichts wirklich
klar erkennen kann
zu scharf sind die Konturen
alles wirkt überzeichnet
so klar
dass es perfekt
und zugleich künstlich wirkt
als wäre man im Zentrum eines Orkans
alles um dich herum tobt
aber du merkst kaum was
und du siehst daher alles
als würde es vor dir schleichen
einen Moment
bevor es wieder laut wird

3-2-1

Gedanke
Schranke
Wille
Weg
Genuss
Kurzschluss

52 Orangen

52	Orangen standen an der Straße.
Drei	verfaulten durch giftige Abgase.
Sechs	wurden von einem Obdachlosen eingesammelt.
Eine	zerquetscht von einem Tollpatsch, der nur stammelt.
Fünf	sahen einen Raub und wurden darüber ausgepresst.
Zwei	verstarben an der Pest.
Elf	wurden Opfer eines Fußballspiel.
Vieren	wurde der Lärm zu viel.
Sieben	wurden von einem gierigen Buben verspeist.
Neun	eingepackt und zuhause vereist.
Drei	wurden eingesackt, zerpresst und dann zur Brause.

Nur die letzte überlebte
und nahm den Bus nachhause.

Adventseinkauf

Bastian hob den Kopf tief in seinen kalten Nacken. Einige Schneeflocken flogen ihm in den Mund.
Nun konnte er das ganze Kaufhaus sehen. 9,95€.
Er stand davor. Direkt vor dem Backshop und neben dem Schuhladen. Er hatte es sich genau gemerkt, als er das letzte Mal hier gewesen war.

Er hatte schon von solchen Leuten gehört. War er so einer?

Er stellte sich vor, wie er die Rolltreppe hochfahren würde. Er würde bis ganz nach oben fahren, vorbei an den Anziehsachen. Vorbei an den Uhren und den goldenen Armbändern. Immer weiter, ganz allein. Die Mutter war im Schuhladen nebenan.

Eine alte dreckige Mütze war auf sein kägliches Gesicht gezogen. Er sah nicht gut aus.

Ganz oben, am Ende der Rolltreppe, würde er scharf links gehen. Dann die dritte Reihe rechts auf der linken Seite, direkt auf Augenhöhe. Er wusste schon, wo links und rechts war. Tom hatte es ihm letztens beigebracht. Tom war bereits hier gewesen. In derselben Etage, in derselben Reihe. Es war das erste Mal, dass er ganz alleine etwas kaufte.

Ganz alleine.
Der Mann hatte nur eine löchrige Decke.
Es war kalt.

Aus dem Eingang kam eine Frau heraus. Vielleicht war sie es, die gerade den letzten Karton eingepackt hatte. Vielleicht hatte sie 9,95€ bezahlt. Bastian zog seinen Handschuh aus und griff in seine Hosentasche. Der Schein war noch da.
Fünf Cent Rückgeld würde er bekommen, das hatte er bereits ausgerechnet.

Es schien ihm plötzlich, als säße er mitten in der Fußgängerzone. Zwischen all den vorübergehenden Leuten, mit großen Plastiktüten und schnellem Schritt. Tom hatte einmal von ihnen erzählt: „Das sind alles nur Säufer. Die haben einfach keinen Bock zu arbeiten." Tom hatte erzählt, dass sie aus Mülleimern essen und unter Brücken schlafen.

Bastian fröstelte es im Gesicht. Er war jetzt gerade einmal eine halbe Stunde in der Kälte. Im Kaufhaus war es warm. Außerdem würde seine Mutter gleich kommen. Er wollte es endlich auspacken. Nach so langer Zeit wollte er es endlich selber haben. Er wollte selber damit spielen dürfen, nicht nur ganz kurz wenn Tom es ihm erlaubte. Seine Hand, in welcher der Schein zerknüllt war, verkrampfte sich.
Noch immer stand er vor dem Kaufhaus.

Der Becher war fast leer.

Ein letztes Mal blickte Bastian nach oben. Schneeflocken flogen ihm in den Nacken und schmolzen auf seinem Rücken. Er drehte sich und ging in den Backshop.
Er bezahlte 38 Cent.

Am Bahnhof

Nun stehst im letzten Abendlichte
auf dem Bahnsteig du und richte
deine matten müden Blicke
doch voll Erwartung und Geschicke
deiner letzten Sorgen
die gehen mit dem Abend
und kommen mit dem Morgen
auf den Anzeiger über dir
im weißen Schimmer
über hier
und dort nach irgendwo
mit deinem Koffer denkend so
welch' Weg dir hier beschieden ist
auf welchen Strecken du dich trimmst
weil es lang noch nicht entschieden ist
welchen Zug du heute nimmst.

Kannst dort gehen zum Gleise Eins
die grellen Lichter
von dort scheinst du
Zug des schnellen Weges
der du flüchtend
eilend und nach Tempo süchtend
deine Bahn durchs Land dir schlingt
auf dass es allzu bald gelingt
auf dass du auf schnellen Wegen
pflegen, hegen
und dich trotz Regen regen kannst
auf dass das Unnütz du verbannst
und eilend zielgerichtet
fährst, bis man's ersichtet.
Den Traum der Stadt im Abendschimmer
Hoffnung, Wohlstand und auch immer
der Dschungel des modernen Wesens
klug gebildet, schnell des Lesens

und erblickend der vielen Schilder
und des großen Glücks nicht milder.
Dies mag dein Weg sein
obwohl dabei
du viel verpasst in Raserei.

Kannst auch gehen, dort zum Gleise 2
ein warmes Bett ist dir dabei
auf dass du selig schlummern kannst
wenn draußen alles lacht und tanzt
wenn es um dich herum erbebt
alles schreit und gröhlt und lebt
kannst du in deinem Leben sitzen
und auf wohlig weichen Sitzen
in Ruhe deine Zeitung lesen
so ist es für manchen Mensch gewesen.
Viel wirst du nicht mitbekommen
doch viel wird dir auch nicht genommen
denn buchst du die gesamte Fahrt
fragt dich niemand um deinen Rat
dann lässt ein jeder dich in Ruh'
und du schaust vom Fenster zu
wie sie sich freuen
und sich streiten
wie sie räumen
vorbereiten
und du gehst höchstens ins Café
und denkst dir:
Gut, dass ich es nicht seh'.
Denn nirgends entgehst du so viel Trug,
wie in des Nachtes warmen Zug.

Kannst auch gehen zum dritten Gleis
denn dort steht scheinbar still und leis'
ein kleiner Wagen, leicht beschmutzt,
ward schon lang nicht mehr geputzt
und bringt dich auf die leise Weise
Stück für Stück ans Ziel der Reise.

Hält an jedem Bahnhof an
wo scheinbar man nichts sehen kann
schaut man jedoch stramm gebannt
in ruhiger Fahrt aufs stille Land
mag vieles dir ins Herze fallen
dort wo sonst am liebsten allen
anderen die Galle kommt
dort genau entdeckst du prompt
vielleicht dein eigenes Lebensglück
falls nicht
dann fährst du noch ein Stück
und tuckerst voller Heiterkeit
kommst kaum voran
und dennoch weit.

So zaudere nicht lang
sitzend frierend
voll von ratlos
Gram und zierend.
Denke nicht zu viel zurück
alles bringt dich nur ein Stück
fern von dem, was man hier Leben nennt
ob man kriecht und geht und rennt
alles bringt uns bald voran
drum mach dich, zieh den Mantel an
es ist soweit, du solltest gehen
gibt so vieles noch zu sehen.
Die Bahnhofsuhr tut tickend kund
der Lautsprecher verzieht den Mund
Alle stehen schon auf dem Gleise
komm schon
mach dich auf die Reise.

Anonym

Ich glaube
ich weiß
wie du heißt.
Ich glaube
ich kann verstehen.
Ich glaube
zu wissen
wer du bist.
Ich kann
endlich klar sehen
wie es ist.

Lange hast du dich versteckt in deiner Seele.
Ich habe es entdeckt.
Ich hoffe, dass ich dich nicht quäle.

Wie ein Pseudonym bleibst du weit weg.
Hast dich keinem gezeigt.

Anonym
War dein Leben
Anonym
Das warst du
Doch das wird es nicht mehr geben
Jetzt ist Ruh'

Warum hast du dich keinem gezeigt?
Alles nur für dich behalten.
Warum hast du dich nur weggeneigt?
Musstest immer für dich verwalten.
Ich versteh' das nicht.
Ich werde es nie begreifen.
Warum warst du so anonym?

atmend

Jeden Abend
wenn es dunkelt
träge geht der Tag von dannen
trag ich mein Wesen
glitzernd funkelnd
in den Schutz der dunklen Tannen

Dort sitzt dann mein stummes Schweigen
schwelgend in Erinnerungen
sehe dich im Nymphenreigen
bleibe bis zur Dämmerung

Blick dich fröhlich
lachend
tanzend
mit Glückseligkeit getränkt
auf dass die Hoffnung sich verschanzend
einen Moment ans Flüchten denkt

Ohne Makel stehst du vor mir
Sonnenlicht durchtränkt dein Haupt
glitzernd deine weichen Haare
wenn die Fensterbanke staubt
Und all die feinen Teilchen
schweben sanft
sind längst vergang'
so verweil ich noch ein Weilchen
ein Reh trabt stolz am Weg entlang

So möchte ich dich
noch einmal sehen
bevor du die Fähre schwebst
lieblich sollen Engel gehen
durch sie weißt du
dass du lebst

So trag ich in dem stummen Schmerze
nachts mein Leiden vor die Welt
niemand wird mich hören können
kein Kater mauzt
kein Hund nur bellt

In dem Rausche tief verworren
häng' ich in dem Wolkenwald
leise deckt die Sonne wärmend
alles auf
und mir wird kalt

Auf dem großen Platz

Ich stehe hier.
Wirklich.
Ich stehe hier
und kann es kaum glauben.
Ich dachte
es ginge gar nicht.
Ich dachte
es wäre zu laut.
Alles zu hektisch
zu beschäftigt
aber tatsächlich
es geht
ich stehe hier.
Hier zwischen euch.

Ihr habt es mir nie zugetraut
nicht wahr?
Nie gedacht
dass ich es auch schaffen könnte.
Doch ich stehe hier.

Morgen vielleicht nicht mehr
wer weiß es schon.
Alles geht viel zu schnell.
Ich verliere den Überblick über dem Ganzen
was sich hier um mich herum abspielt.
Deswegen kann es auch gut sein
dass ich morgen wieder weg bin.

Dann wird sich wohl keiner so wirklich
daran erinnern
dass ich wirklich hier war.
Keiner wird den anderen ansprechen
ihm zuraunen
ihn fragen wo ich bin.

Nein
es gibt keine Erinnerung mehr
nur leere Worte.
Für Erinnerung ist nun kein Platz mehr
sie ist ausgelöscht
zerpflückt
ersetzt worden.

Dieser Ort
braucht keine Erinnerung.
Ebenso wie er keine besitzt
und nie welche besitzen wird.
Denn alles was hier gesagt wird
was hier geschieht
existiert nur für diesen einen Tag.
Es überlebt die Nacht nicht
schon morgen ist es Geschichte
die nie geschrieben wurde.

Wenn ich es euch nicht erzählen würde
wenn ich nicht hier stehen würde
um euch zu sagen
dass ich es geschafft habe
dann wurde es nie jemand erfahren.
Schon Morgen wäre ich wahrscheinlich weg
zumindest wäre ich gelöscht
genau wie jegliche Erinnerung
an diesen Tag.

Ein trostloser Gedanke
ich weiß.
Doch noch mag ich nicht daran denken
noch ist es zu fern
als dass es mir Sorgen machen müsste.
Der Tag ist noch nicht vorbei
und ich habe es geschafft.
Ihr seid die einzigen
die es erfahren.

Bewahrt es euch gut auf.
Ihr seid die einzigen
ihr seid die Erinnerung
seid meine Erinnerung.

Seht mich also an
solange ihr es noch könnt.
Ich bitte euch
seht mich an.
Ich hätte nicht gedacht es noch zu schaffen
und eigentlich ist es nichts wert
rein gar nichts.

Doch ihr könnt mich sehen
ein jämmerlicher Beweis.
So viele waren hier
und sind gegangen.
Wir werden nie wissen
wie viele es genau waren.
Wie sie hießen
was sie hier hin trieb.

Doch heute noch stehe ich hier.
Gebt mir einen Moment Unendlichkeit
bevor ich weg bin.

Aufstehen

Aufstehen
raus sehen
die Stöpsel rausdrehen
humpelnd tastend
niemals rastend
nach der Brille auf dem Nachttisch suchen
lautstark fluchen
über die Sonne
das grelle Licht des müden Tages.
Wenn du etwas was wissen willst
sagte mein Vater
erfrag' es
denn dir wird hier nichts geschenkt
duschen
rein in die Klamotten
der Mantel aufgehängt
wie die Hoffnungen vergangener Tage
an denen man noch geträumt
Müsli runtergeschlungen
die Küche aufgeräumt.
Dann zum Bahnhof
einen Kaffee
er schmeckt abscheulich
setze mich wie die alten Herren neulich
auf weiße Plastikstühle
wo geht es zum Bahnsteig?
Zugausfall
wir entschuldigen den Warnstreik.
Dann halt in den Bus setzen
höre sie nur Stuss schwätzen
Diese sorgenlose Jugend
sich am Smalltalk erlabend
deren Köpfe schon so voll sind
wie die Gläser am Abend.
Stopp gedrückt

der Bus hält an
im echten Leben geht das nicht
durch den Regen sprintend
um acht beginnt die Schicht.
Keuchend stehe ich vor dem Eingang
wie vor einem Altar
und mein Chef begrüßt mich:
Auch schon da?

Und ich atme ein
und ich atme aus
und ich gehe rein
und ich renne raus.
Und ich fühle den kalten Wind
an meiner Stirn
unter der meine Schläfen stetig pulsier'n
im Takte meines Businessplans
bin das Getriebe dieses Wissenswahns.

Der Tag ist nur ein winziger Augenblick
der Mensch von heute
ist selbst beim Staubsaugen schick
und das Büro ist nur ein Spiegelbild
der kranken Mutter Erde
sie scheut zurück
wie vorm Elektrozaun die Pferde.
Und eigentlich will ich nicht
und eigentlich kann ich nicht
Und weinerlich
meine ich
einheitlich
tanze ich
auf einem riesigen Ball
geschmückt mit Zahnrädern
die sich drehen
immer weiter
ein ernstzunehmender Fall
und endlos Leiter

der Karriere
weil immer jemand besser ist
und weil man es irgendwann vermisst
den ganzen Druck
denn ohne Druck
kann der Mensch nicht leben.
Und so will er sich doch nur machen
oben über allem schweben.
Den Tellerwäschern
die die Millionäre bedienen
die neue Elite auf stählernen Schienen
ihrer Karriere
dessen Anker ist
wird ihnen verinnerlicht
doch eigentlich
hoffen sie nur innerlich
auf ein erinner-mich
ein Schimmerlicht
eine immer-Sicht
die für immer nicht
nur den Drang nach Rang und Klang
im großen Gesang
der Maschinen in sich hält
und es dreht
und es dreht
und es singet die Welt.

Und ich atme ein
und ich atme aus
und ich gehe rein
und ich renne raus.
Und ich fühle den kalten Wind
an meiner Stirn
unter der meine Schläfen stetig pulsier'n
im Takte meines Businessplans
bin das Getriebe dieses Wissenswahns.

Wo kann ich mich noch weiterbilden?

Wo kann ich meine Schulden tilgen?
Wo kann ich noch etwas besser werden?
Nicht mehr meine Existenz gefährden?
Wo kann ich des Glückes höchsten Grades
noch erreichen?
Und sie schütteln den Kopf
und ich sehe mich erbleichen.

Arbeit aus
einfach raus
dort zum Bus
welch ein Genuss
das Summen
und Marschieren der Glocken.
Immer stehen
niemals hocken.
Sprinten
laufen
rennen
Finten kaufen
flennen.
Die Zielfahne
die dort vor uns lebt
fast erbebt
und vom Winde erhebt
ja fast schwebt
hat uns nur jemand an die Stirn geklebt.
Und so rennen wir
dem Tode verwerflich
unseren eigenen Ansprüchen hinterher
zu ehrlich
um uns zu belügen
um nur weiter den Acker
mit unserem Schweiß zu bepflügen.
Und als die Tagesschau
am Bildschirm flimmert
ein Blitzlicht dieser Welt aufschimmert
liege ich bereits

und habe die Augen geschlossen
und leise erklimme ich weiter die Sprossen.

Und ich atme ein
und ich atme aus
und ich gehe rein
und ich renne raus.
Und ich fühle den kalten Wind
an meiner Stirn
unter der meine Schläfen stetig pulsier'n
im Takte meines Businessplans
bin das Getriebe dieses Wissenswahns.

Begegnung am Abend

He sie!
Ja sie!
Wo kommen sie her?
Wo wollen sie hin?
Was haben sie im Sinn?
Mögen sie meine Frau?
Sehr?
Sie Sau!
Sie schauen doch genau!
Ich hau!
Sie grün und blau!

Brotverteidigung

Wenn einer dir im Laden droht,
erschlage ihn mit Fladenbrot.

Wenn dir einer an der Ecke droht,
erschlage ihn mit Knäckebrot.

Wenn einer dir im Harz droht,
erschlage ihn mit Schwarzbrot.

Wenn einer deiner Frau droht,
erschlage ihn mit Graubrot.

Wenn einer dir ganz leis' droht,
erschlage ihn mit Weißbrot.

Wenn einer dir in Soest droht,
erschlage ihn mit Toastbrot.

Doch wenn einer deiner Nichte droht,
erschlage ihn nicht mit Brot!

Nimm für bedrohte Verwandten,
immer nur scharfe Kanten!

Danksagung

Ihr seht mich hier voll Glücke wanken,
doch muss ich erst noch welchen danken.

Ich danke der Jury,
den ganzen Ministern,
meinen Eltern
und meinen Geschwistern.

Ich danke der Putzfrau,
dem Nachbarn
und seinen Freunden,
weil ich mir dachte,
die würden sich freuen wenn
ich sie an dieser Stelle lobend erwähne.

Ich danke der Oma,
meiner Tante Helene.

Und zum Schluss,
danke ich mit einem herzlichen Kuss,
meiner Freundin,
du bist mein ein und alles.

So und für den Falle eines Falles,
dass ich jetzt jemanden vergessen habe,
tut es mir Leid.
Ich habe nur begrenzte Redezeit.

Das Größte

Unbegrenzt schien ihm der Horizont
Weite Felder
grüne Wälder
nichts was einen jemals stoppen konnte.
Soweit laufen können
wie einen die Beine tragen.
So stellte er sich die Welt vor.
Jung war er
am Beginn von allem
die Zeit verging nicht
er teilte sie mit allem
was ihn faszinierte
mochte es noch so unbedeutend erscheinen
alle schönen Träume waren die seinen.
Und dann lebte er sie:

Er stellte sich vor
und nahm sich zurück.
Ihn traf das Pech
und er griff nach dem Glück.
Er wurde frech
doch begriff Stück für Stück.
Er fiel zu Boden
und schwebte zu den Sternen
glitt höher
fiel tiefer
viel tiefer
zu fernen
Reichen
doch auch viel höher
zu den Reichen
und schönen
den Scheichen
deren Söhnen
ließ sich im Winde des Erfolges föhnen.

100.000 im Jahr
dann wieder Läuse im Haar.
Auf den Dächern
dann wieder unter Brücken.
In allen gesellschaftlichen Fächern
schien er sich zu überbrücken.
Er war wie Ikarus und Sisyphos.
Wie Micky Maus und Santa Clause.
Beliebt und bekannt
dann wieder versiebt und verrannt.
Er war König der Welt
und Sklave
und Held
Märtyrer
Schwertführer
Insasse und Direktor
ein Mann
ein Gerippe
richtungweisend wie ein Vektor
mal das Kartenhaus
und mal der Wind
doch im Herzen blieb er immer ein Kind.
Das alles träumte er
mochten es auch nur Visionen sein
es füllte ihn aus
machte ihn rein.
Mochte er auch von vielem
nicht viel zu verstehen
vermochte er stets das schöne zu sehen.

Und eines Tages war er frei.
Man ließ ihn ziehen
schüttelte ihn ab wie ein Geweih
im Frühjahr
so ging er wie früher
doch diesmal kam er nicht mehr heim.
Er war erwachsen und allein.
Fortan hieß es strebsam sein

fernab aller kindlicher Spielerein.
Ein geordnetes Leben galt es zu führen
man öffnete ihm
doch verschloss im Grunde
die richtigen Türen.
Die kleinen unscheinbaren
die einzig noch im reinen waren.
Stadtdessen folgte er schnurstracks
dem schnurgeraden Pfad
für ihn bestimmt erntete er seine Saat.
Wurde älter und größer
führte ein zufriedenes Leben
nur eines konnte ihm niemand
wieder mehr geben:
Das Gefühl fokussiert zu sein
auf einen winzigen Stein
Eine Schnecke
einen Ball
all das war ihm nun fremd
er kennt nun die Kinder
wie so mancher sie kennt
erkennt was sie tun
doch bleiben ihm fremd.
Er vermisst was er hatte
die Unbeschwertheit
geht manchmal einsam schaukeln
weil dann etwas bleibt.
So schaukelt er auch heute
in Krawatte und Hemd
ist für einen kurzen Moment
wieder der kleine Junge
der das Ende nicht kennt.

Das Lamm und der Wolf
(nach der Fabel)

Sinnbilder des Bösen und des Frommen
sind an einen Fluss gekommen.
Unten das Lamm
oben der Wolfe stand.
Der Hunger trieb ihn an
weshalb er sich wand
dem Lamme zu, ganz angriffslustig:
„Ich bin durstig
doch du machst mir trübe das Wasser
aus dem ich will trinken."
Er sieht in dem Lamm nur den Schinken.
Doch jenes sagte: „Wie kann ich das tun
worüber du dich beklagst
ich glaube Wolf dir erst wenn du sagst
wie das gehen soll, denn im Grunde
fließt das Wasser von dir herab
zu meinem Munde."
Von der Kraft der Wahrheit überwunden
meinte der Wolf: „Du hast mich geschunden
und beleidigt, sechs Monde ist es her."
„Da kam ich noch nicht auf die Erde her.
Vor sechs Monden lag ich noch
in Mutters Bauch."
So konterte das Lämmchen jetzo auch.
„Beim Herakles,
dann war es halt dein Vater."
Und in einer grausamen Marter
riss er dem Lamm das Leben fort
und zerfleischte es
in einem ungerecht Mord.

Das kleine Mädchen
mit den Schwefelhölzern
(nach Hans Christian Andersen)

Es war ganz grausam kalt
es schneite stark und bald
verlosch des letzten Jahrestageslicht.
In diesem Dunkel auf der Straße
mitten in der finstren Ruhe
ging ein Mädchen mit kleinem Maße
barfuß ohne ihre Schuhe.
Sie hatte mal welche
doch nun lief sie ohne Sohlen
den einen verloren, den anderen gestohlen.

Ihre kleinen nackten Füße waren nun schon
rot und blau
sie verkaufte Schwefelhölzer
doch weder Mann noch eine Frau
hatten ihr einen Schilling gegeben
verfroren und hungrig
kaum noch am Leben
stand sie da mit ihrer Ware
und ihre langen blonden Haare
fingen die Flocken vom Himmel der Nacht
doch dachte sie nicht an diese Pracht.
Aus allen Fenstern leuchteten Lichte,
die Straße roch herrlich nach Gänsebraten
wo hinter Fenstern Tante und Nichte
auf das Neujahrsläuten warten.

Ohne Schilling würde der Vater sie schlagen
sie konnte sich nicht nachhause wagen.
Sie setzte sich zwischen die Häuserecken
wollte vor Kälte ein Schwefelholz anstecken.
Ritsch!
Wie das sprühte, wie das brannte

wie eine Kerze ummannte
sie das Hölzlein in ihrer steifen Hand
welch wunderbares Licht
so wohl bekannt.
Als säße sie vor einem Ofen
mit Messingkugeln, so blank.
So schön,
doch die Flamme im Dunkeln versank.

War sie grad' noch froh erschreckt
wurd' gleich ein neues angesteckt.
Es leuchtete hell und auf des Mauers Schein
sah das Mädchen in eine Stube hinein.
Ein Tisch gedeckt
mit einem schimmernden Tuche
und ganz
herrlich roch die gebratene Gans.
Zwischen Porzellan, Äpfeln und Pflaume
und prächtiger noch wie im Traume
sprang die Gans
das Besteck noch im Rücken
vom Tische herunter
es schien zu glücken
in Richtung des Mädchens
um zu ihr zu gehen
da erlosch die Flamme
und es war nur eine Mauer zu seh'n.

Sie zündete ein neues an
und wieder begann der herrliche Traum.
Da saß sie unterm Weihnachtsbaum
noch größer
als sie ihn beim Kaufmann erblickt
der Raum von tausenden Lichtern erquickt.
Da erlosch es wieder
die Lichter sie flogen
es waren nur Sterne
doch einer im Bogen

fiel und bildete
wie es jeder kennt,
einen Feuerstreifen am Firmament.

„Nun stirbt jemand"
sagte das Mädchen beklommen
denn die Großmutter
sie war auch in den Himmel gekommen
sagte einst:
„Auf unsere Welt,
manchmal ein Stern zur Erde fällt.
Kommt dies vor unserem Auge vor
steigt eine Seele zu Gott empor."

Sie strich wieder den Schwefel an die Mauer
und nach einer kurzen Dauer
leuchtete es im Umkreis ganz
und Großmutter stand im Glanz
den ihr geebnet
so hell
so leuchtend
so mild
und gesegnet.

"Großmutter! Oh, nimm mich mit!"
die kleine fleht
„Ich weiß wenn's Schwefelholz ausgeht
bist du fort
wie der Ofen
der herrliche Braten im Raum
die Lichter und der Weihnachtsbaum!"
Und sie strich in Eile mit hoffendem Mund
alle Schwefelhölzer aus ihrem Bund
als wollte sie Großmutter recht festhalten
und in der kalten
Nacht wurde es taghell
die Großmutter
schön wie noch nie

nahm schnell
das Kind auf den Arm
und bald darauf
flogen sie in Glanz und Freude hinauf.
Und da war keine Kälte
kein Hunger
kein ängstlicher Trott
sie flogen so hoch
sie waren bei Gott!

Aber in der Ecke beim Hause
saß auf dem Grunde
das kleine Mädchen zur Morgenstunde
mit roten Wangen und einem Lächeln
so war es
erfroren am letzten Abend des Jahres.
Der Neujahrsmorgen ging auf
über der kleinen Leiche
mit starrem Leibe und Todesbleiche.
An der Ecke, abgebrannt
ein Schwefelhölzchen in der Hand.
Niemand konnte verstehen
was sie schönes gesehen
in welchem Glanze es war
als sie mit der Großmutter ging
ins neue Jahr.

Der feine Unterschied

„Was ist Pferd und was ist Gast?
Ich hab in der Schule nicht aufgepasst."

„Pass auf, so kriegst du es niemals raus:
Der Gast tritt ein,
das Pferd tritt aus."

Der Fuchs und der Rabe

(nach der Fabel)

Ein frecher Rabe hat sich wirklich getraut
und einem Bauern den Käse geraubt.
Still und heimlich unverhohlen
ward' der Käse ihm gestohlen.
Der Rabe wollte nun im Stillen und Leisen
auf einem Aste das Diebgut verspeisen.

Da kam ein Fuchs vom Wegesrand
weil er Käse lecker fand.
Und seine allzu feine Nase
erroch schnell solch käs'ge Gase.
Auch hörte er den Raben krächzen
laut nach Anerkennung lechzen.
So sprach er zum Raben
bevor sich der konnte laben:

„Ich glaub es kaum
dort auf dem Baum
unter dem ich steh' geduckt
ist dies Molkereiprodukt.
Wie groß ist mein Verlangen danach
Käse, du machst meine Sinne wach.
Du füllst mich mit Leben
du stärkest mein Blut
du riechst manchmal streng
doch du schmeckst immer gut.
Ob aus Gouda oder Emmenthal
ich verspeis' sie alle mal.
Ob Provolone
Camembert
Leerdammer Caractère
Rabe, ich bitte dich so sehr
gib mir nur ein Stückchen her."
Sprach der Rabe: „Nimmermehr!"

Wie einst bei Edgar Allan Poe
doch dies hier nur am Rande so.
„Mein Käse gehört mir allein.
So ist's gewesen, so wird's sein.
Ihn zu bekommen war ein große Müh'
außerdem brauch ich ihn für mein Fondue."

Der Fuchs am Boden am Verweilen
sah schnell ein: „Der will nicht teilen."
So schmiedete er schnell und voll Elan
einen hinterhält'gen Plan.
Ein Trick war hier der Sache Krux
er war halt listig – wie ein Fuchs.
„Oh Rabe, was bist du allezeit
der schönste Vogel weit und breit
in deinem Prachtvoll Federkleid.
Entlockt nicht auch deine Kehle
schönste Töne?
So weiche, lieblich reine, schöne?
Ist dein Gesang wie dein Gefieder
so lausch' ich aller deine Lieder."

Das schmeichelte dem Raben
und nicht nur sein Herze im hüpfenden Lauf
sondern auch sein Schnabel ging ihm auf.
Hatte er gerade noch da gesessen
beim Reden den Käse im Mund behalten
wodurch seine Worte lallten
hatte dies er nun vergessen.
Bei dem ersten Tone schon
fiel der Käse unter Hohn
des Fuchses runter in dessen Maul
der Rabe empört sich lautstark: „Foul!
Das war gemein, gib's mir zurück!"
„Rabe, dein Stolze war mein Glück."
lachte schmatzend der Fuchs
dass es im Wald nur so schall.
Hochmut kommt halt vor dem Fall!

Der Hund trägt ein Stück Fleisch durch den Fluss
(nach der Fabel)

Wer fremdes anstrebt, für eigenen Ruhm,
verliert zuerst sein Eigentum.
Als ein Hund irgendwo in der Wilde
mit einem Stück Fleisch im Maul voll Genuss
es trug durch einen Fluss
sah er in den Wellen sein Spiegelbilde.
So dachte er: „Ein anderer heute,
kommt hier vorbei
und hat auch reiche Beute.
Auch in seine will ich beißen."
So wollte er sie ihm entreißen.
Doch es täuschte ihn die Gier
aus dem Maul verlor er die Speise
der Fluss nahm sie mit auf die Reise
und dem Hund bleibt nichts mehr hier.
Nur sein Spiegelbild schaut faul
hat jetzt nunmehr nichts im Maul.

Der Rabe
(nach Edgar Allan Poe)

Neujahrsnacht umgab mich schaurig
als ich einsam, trüb und traurig
sinnend saß und las
in Carolinensiel am Meer.
Als ich schon mit matten Blicken
im Begriff, in Schlaf zu nicken
hörte plötzlich ich ein Flattern
von der Deichesseite her;
„Ein Besuch wohl noch"
so hofft ich
„den der Fernbus führet endlich her
 ein kleiner Stau und sonst nicht mehr."

Wohl hab' ich's im Sinn behalten
im Dezember war's, im kalten
Und gespenstige Gestalten
warf des Feuers Schein umher.
„Zu Busse"
sagten's
„wollen wir reisen
und nicht mit der Bahn auf Eisen."
Viel zu groß war'n ihre Sorgen:
Umsteigen so blöd und schwer.
Ich bemüht war jeden Morgen
debattierte logisch fair
doch auf mich hörte niemand mehr!

Drehte mich jetztunder
und herbei erfliegt' – o Wunder!
Ein gewalt'ger, hochbejahrter Rabe
schwirrend zu mir her.
Flog mit mächt'gen Flügelstreichen
ohne Gruß und Dankeszeichen
Stolz und stattlich sondergleichen

aus der Lüfte hoch und her
Setzte sich kurz nach erreichen
und sprach krächzend: „Nimmermehr!"

Dieses Wort nur sprach der Rabe
dumpf und hohl, wie aus dem Grabe
als ob seine ganze Seele
in dem einen Worte wär'.
Weiter nichts ward' dann gesprochen
nur mein Herz noch hört' ich pochen
bis das Schweigen ich gebrochen:
„Meine Freunde fuhren her.
Steigen sie bald aus?
Machen sie den Fernbus leer?"
Sprach der Rabe: „Nimmermehr!"

Dieses hört ich still ermessend
doch des Vogels nicht vergessend
dessen Feueraugen jetzo
mir das Herz beklemmten sehr
und mit schmerzlichen Gefühlen
ließ mein Haupt ich lange wühlen
Und ich wähnte, durch die Lüfte
wallten süße Neujahrsdüfte.
„Rabe"
rief ich
„mach meinen großen Ängsten Schluss!
Wo bleibt der Fernbus?
Meine Sorge wird tief und schwer!
Kommt der Bus noch heute her?"
Sprach der Rabe: „Nimmermehr!"

„Weh mir!"
rief ich voller Zweifel
„Ob Du Vogel oder Teufel!
Ob die Hölle dich mir sandte
ob der Sturm dich wehte her!
verkünde mir mein heiß Begehr':

43

„Gibt's diesen Bus noch?
Fährt ihn wer?"
 Sprach der Rabe: „Nimmermehr!"

„Sei dies Wort das Trennungszeichen!
Vogel, Dämon, du musst weichen!
Gab es ein Unfall?
Werde ich sie je wieder sehen?"
fragt' ich panisch, wüst und leer.
Sprach der Rabe: „Nimmermehr!"

Und dann flog er krächzend fort
sah ihm lange hinterher.
Doch meine stets geliebten Freunde
werd' ich sehen nimmermehr.
Warum fuhren sie auch Bus
und nicht Bahn, oh welch ein Stuss!
Oh was schmerzt mich der Verlust
Und der Fernbus liegt in Trümmern
und sie liegen um ihn her.
Nun werden sie das neue Jahr erleben
nimmermehr!

Der Wolf und der Kranich
(nach der Fabel)

Einem Wolf sollte einst das Verschlingen
eines Knochens nicht ganz so gelingen.
Er steckte ihm im Halse
das schmerzte ihn sehr
so holte er sich die Tiere her
um ihm den Knochen
herauszuholen für Lohn
doch welches Tier traut sich das schon?
Dem Kranich gab er einen Eid
dieser erklärte sich bereit
und holte ihm gefährlich
den Knochen heraus
und bat dann ehrlich
um seine Belohnung
doch stadtdessen
sagt der Wolf ganz unvermessen:
„Sei doch froh,
aus meinem Hals ist der Knochen,
und deinen habe ich dir nicht gebrochen."

Der Wolf und die sieben Geißlein
(nach dem Märchen)

Es war einmal eine alte Geiß
der Begriff ist veraltet, ja ich weiß.
Für die jüngeren, frisch aus der Wiege:
Eine Geiß ist eine weibliche Ziege.
Und diese alte Geiß hatte sieben Kinder
sie liebte sie alle, nicht eines minder.
Eines Tages wollte sie in den Wald gehen
um Futter zu holen
doch wollte sie bald sehen
das sie zurück kam, denn sie war
eine besorgte Mutter und sie spürte Gefahr.
Drum sprach sie ihre Kinder an:
„Seid auf der Hut!
Bleibt im Haus!
Verschließt die Türe gut!
Denn hier lebt ein böser Wolf
und ist er einmal da
so frisst er euch alle mit Haut und Haar.
Ihr denkt ihr liegt hier auf sicheren Kissen
doch habt ihr eine Ahnung
der Wolf ist gerissen
ein Meister der Tarnung.
Denkt immer daran,
die Stimme rau wie ein Mann
scharfe Zähne, schwarze Füße."
„Mama wir passen schon auf."
„Ok, dann viele Grüße."
sagte die Geißmutter geistesreich
und machte sich getrost
auf den Weg in den Wald.
Kurze Zeit blieb es ruhig
doch es klopfte bald.

Eine Stimme sprach rau

und dunkel zu ihnen:
„Hier bin ich wieder
bin nicht lang weggeblieben.
Für jeden von euch hab ich etwas da
macht mir auf!"
Doch die Geißlein riefen: „Na klar!"
Du hast keine hohe Stimme
bist nicht unsere Mutter
du bist nur der Wolf
riechst frisches Futter."

Der Wolf blieb draußen,
doch ihm knurrte der Magen
so ging er schnurstracks
in den nächsten Laden.
Er kaufte sich ein Stück Kreide
durch des Krämers Loben
dadurch gehe seine Stimme nach oben.
So geschah es auch, seine Stimme wurd' hell
und so kehrte er schnell
zum Haus der Geißlein zurück
versuchte wieder sein Glück.
Doch trotz der hohen Stimme
fielen die Geißlein nicht drauf rein,
sie sprachen: „Du sollst unsere Mutter sein?
Dass ich nicht lache, du sorgst nur für Tote,
oder seit wann hat unsere Mutter
eine schwarze Pfote?"
Der Wolf hatte währenddessen ganz gepflegt
die Pfote auf das Fenster gelegt.
Dies sahen die Geißlein
mit höhnisch Gemecker.
Der Wolf zog daraufhin zu einem Bäcker:

„Ich habe mich am Fuß gestoßen
streich' mir Teig darüber!"
Der Wolf war nur ein Kunde
nichts tat der Bäcker lieber.

Dann lief er zum Müller:
„Streich mir Mehl auf die Pfote!"
„Nein!"
„Gut, dann haben wir hier
gleich noch mehr Tote."
Mit dem Argument, tat der Müller es doch.
Ja so sind die Menschen, immer noch.

Wieder Szenenwechsel, Klopfen die Dritte:
„Ich bin eure Mutter, macht die Tür auf,
bitte."
„Zeig uns deine Pfote, leg sie aufs Fenster!"
Sie war weiß
wie Gewänder der Nachtgespenster.
Da machten die Geißlein die Türe auf.
der Wolf stand vor ihnen: „Überraschung!"
„Lauf!"
schrien die Geißlein
und versteckten sich rasch
doch der Wolf war zu schnell
die Geißlein vorher zu lasch.
Das erste schluckte er ganz heiß rein
dem zweiten gab er ein Eisbein
die anderen verschluckte er leis' fein
so verschwanden sie alle die Geißlein.
Und er fraß sie alle sieben
bzw. nein, denn eines war übrig geblieben.
Als der Wolf rein kam, sprang es in die Uhr
für sie schlug es nicht zwölf
der Wolf ließ sie in Ruhe.
Als er scheinbar alle verschlungen hatte
sehnte es ihm nach einer Hängematte.
So eilte er schnell auf die Wiese herbei
ruhte sich aus von der Völlerei.

Wenig später kam die alte Geiß heim
der Schock konnte nur zu viel
für einen Greis sein.

Die Haustür stand offen, Spuren von Mehl,
alles durcheinander
wie nach einem Durchsuchungsbefehl.
Sie suchte ihre Kinder
nirgends waren sie zu finden.
Panisch wollte sie nach draußen hasten
da hörte sie Geräusche
aus dem Uhrenkasten.
„Mutter, ich bin hier. Der Wolf ist gekommen,
hat uns überlistet
und dir deine Kinder genommen."
Da weinte die Mutter, das Herze so schwer
sie ging zu der Wiese, lag da nicht wer?

Tatsächlich, der Wolf lag da.
„Sei still und lausch!
Er schläft tief und fest nach seinem Rausch.
Vielleicht gibt es noch eine Chance.
Sagte das Geißlein. „Ok,
dann gibt es jetzt eine ambulante OP."
Mit Schere, Nadel, Zwirn
und einer sorgenvollen Stirn,
begann die Mutter mit dem ersten Schritt
und mit dem ersten Schnitt
sprang auch das erste Geißlein heraus
fünf weitere folgten, das Leiden war aus.
Dieses Kunststück war dem Wolfe
wahrlich gelungen
gierig hatte er sie lebendig
herunter geschlungen.
Ein großes Hurra von Stimmen erklang hell
und die Mutter meinte: „Jetzt schnell!
Holt mir schwere Steine, am besten Wacker
die kommen in den Magen
und dann kommt der Tacker."
So geschah es
der Eingriff in des Wolfes Magen,
wurde in schnarchender Ruhe ertragen.

Der Wolf wachte auf, ihm müde die Beine,
etwas lag ihm im Magen
es waren die Steine.
Er wollte was trinken, einen Aperitif
doch die Steine wackelten
und machten ihn schief.
"Was rumpelt und pumpelt
In meinem Bauch herum?
Ich meinte, es wären sechs Geißelein
doch sind's lauter Wackerstein."
Als er an den Brunnen kam
beugte er sich vor
doch das Gewicht verlagerte sich,
was für ein Tor!
Vorgebeugt schwankte er
aufgrund der Masse
das lernt man in Physik, 5. Klasse.
So zogen ihn die Wackersteine
hinab in sein Grab.
Er ertrank
und es fraßen ihn Ratten und Rab'.
Doch die Geißlein tanzten fröhlich,
über das, was sich ihnen bot
und so riefen sie laut: „Der Wolf ist tot!"
So wurde der tückische Jäger zur Beute
und wenn sie nicht gestorben sind
leben sie noch heute.

Des Morgens

Des Morgens wenn
die Vögel lieblich
sonnig gen
Himmel ihre Hälse recken
und man in wollig weichen Decken
sanft geweckt vom Streicheln
der Sonne Strahlen dich erreichen
ist's als wenn man sich's bedenke
steht vor einem Berg Geschenke

Die Krähe

Bei mir ganz in der Nähe
da wohnte eine Krähe.
Die krähte nun tagein tagaus
ich dagegen sah fein aus.
Denn ich lud ein zum Dinner
die Krähe krähte immer.
Verdarb mir jedes Rendezvous
denn sie krähte uns immer zu.
So blieb allein ich immer zu
die Krähe jedoch gab nimmer Ruh'.

Auf dass sie nicht mehr krähte
verband ich ein paar Drähte.
Und als es schließlich späte
stieg ich auf das Dach.
Die Krähe machte Krach.

Ich setzte den Draht unter Strom
die Krähe näherte sich schon.
Heute ist der jüngste Tag!
Die Krähe trifft der Schlag!
So dachte ich doch vorbei wäre es
wenn die Krähe
mich jetzt sähe.

So schlich ich mich an
als kriechender Mann
es herrschte Totenstille
man hörte nur die Grille
und mein leises Ächzen
und die Krähe krächzen.

Gleich hab ich sie
gleich ist es getan
der Strom trifft sie bis in den Zahn.

Konzentration
ich kann sie fast schon
greifen – Vorsicht mit dem Draht!
Leicht zittert mir der dünne Bart.
Da krächzt die Krähe extra laut
und mich es vor Schreck vom Dache haut.
Der Draht, der Schlag und dann der Fall
die Krähe übertönt den Knall.

Dann wird es dunkel.

Ich wache auf durch Glockengeläut
mich das Geräusch gar sehr erfreut.
Ich bin im Himmel!
Kein Gekrächze!
Das wonach ich lange lechze
ist vollbracht
mein Herze lacht.

Doch dann muss ich
mit Schrecken entdecken:
Die Glocke nicht spielt
für eigene Begräbnesse
sondern für die Sonntagsmesse.
Das Zimmer in dem Hospital
mit offenem Fenster und Kirchenhall
blendet die Augen
und schmerzt mir die Glieder.
Da ungelogen
kommt die Krähe angeflogen
krächzt und putzt sich ihr Gefieder
als wollte sie sagen: Da bin ich wieder.

Die Sage von der Mückenplage

In einem Haus waren viele Mücken
sie alle waren dort aus freien Stücken
denn ein paar Männer mit krummen Rücken
und Ächzen und Stöhnen
beim Gehen und Bücken
wohnten dort in diesem Haus
und sperrten schon bald die Mücken aus.

Denn ihre Stiche verursachten
kein großes Entzücken
und so versuchten die Männer
mit fiesen Tücken
die Mücken vom Himmel
herunter zu pflücken
und sie dann zu zerdrücken
in mehreren Stücken.

Doch sollte es mal glücken
durch kleine Lücken
den Tücken des Mückenetzes zu entrücken
stürzen sie sich direkt auf das Licht
die Männer spielen Karten
die Mücke sticht.

Du bist alles

Du bist alles
so wie Zuse dich gemacht hat
und Rubrik uns den Cube gebracht hat
will ich egal welcher Fall ist
immer bei dir sein.
Ich kann dich kopieren und kapieren
wir sind nicht allein.
Lass uns programmieren
drucken, speichern
uns am WWW bereichern
schneiden, rendern, hacken
lass uns die eigene Welt entdecken.
Mit dir will ich gemeinsam
diesen Rechenweg einschlagen
ich kann dir schreiben, dich alles fragen
komm her, ich mach dich an
du hast den allerschönsten RAM.
Ich will dich zippen,
entzippen immer wieder,
ich schenke dir verzerrte Lieder.
Vor allen Viren sollst du mich beschützen
will dich pflegen, du wirst uns nützen
und hast so vielen Menschen schon genützt
auf diesem Planeten.
Lass mich der Sohn
deines Mutterbordes sein
wir werden alles zertreten
was sich uns in den Weg stellt
der schöne Schein
jeder Angriff ist am Ende nur ein Eigentor
wir erstellen, wir preschen vor.
Nur du und ich
und deine Bits und Byte.
Strom an, unsere Zeit.

Es wird morgen

Ruhe.
Ich brauche Ruhe.
Ich kann es nicht mehr hören.
Euch.
Eure Probleme und eure Sorgen.
Ich kann es nicht mehr hören
was ihr mir zu sagen habt
nach welcher Hilfe ihr mich fragt.
Was ihr wollt
und was nicht
Schweigen ist Gold
und stumm mein Gesicht.
Schweigt doch alle
vielleicht könnt ihr euch
dann mal wieder hören.
Vielleicht kann ich mich dann wieder hören
muss nicht mehr anbrüllen gegen die Welt
könnt mich befüllen
mit allem was zählt
und was wirklich
wichtig und richtig ist
welch List nun nichtig
zu vielschichtig
und ohne Frist ist
was mich frisst
könnte ich aussortieren
könnt kapieren
was es heißt nicht mehr zu frieren
könnte die Welt inhalieren
und all das schädliche aus mir ausspülen
mit Waschlappen kühlen
vergessen, vergeben
und vermessen verleben.

Einfach schweigen

im Reigen
der in sich gekehrten Einsamkeit verbleiben
treiben.
In die als-ich-noch-fröhlich-heimkam-Zeit.
Als die Sorgen von morgen
nicht das Glück von heute
und die Erinnerung von gestern überragen
sondern Glück übertragen
auf jeden Moment
als man sich kennt
ein Stück
und zurück
alles verschwimmt
und doch nicht erlischt
wie das Leben peitscht die Gicht
um deine nackten Füße
und wärmt dich, sendet kalte Grüße
schließt dich ein
lässt dich sanft zur Seite neigen
und umhüllt die Welt
in ein Schweigen
das hält.

Nichts wispert, nichts knistert
nichts räuspert, nichts äußert.
Wie Schlafen ohne die Augen zu schließen
vielleicht auch Träumen, glaubend genießen.
Gedanken wiederfinden
die man längst verloren geglaubt
nicht mehr getraut
sie rauszukramen
den Puls erlahmen
lassen
den wiedergekehrten Gedanken fassen.
Ihn nehmen, sanft berühren
durch die Finger gleiten
von allen Seiten
betrachten

ihn wieder beachten
ihm einen neuen Platz
in deinem Palast geben
was neues aus dem alten Ballast weben.
Nicht glauben
dass man nichts erreichen kann.
Solang das Wasser aus deinen Teichen rann
verrann auch alles
was dir wichtig lieb
und herzlich gefunden
du musstest rennen, deine Runden
addierten sich
doch du kapiertest nicht
dass du im Kreis läufst
und was du verloren
hinter dir schleicht
und dich in allen Poren
anfällt
holperst
bis es anhält
und du stolperst.

Bleib stehen
einfach stehen
um zu sehen
dass all das verronnen
Wasser deiner Seele
sich hinter dir besonnen
aufhält, wähle was du behalten magst
nimm es mit
begib dich auf eine Traumreise.

Dann kannst du wieder auftauchen
dich wieder etwas aufbrauchen
dann hattest du Ruhe
kannst wieder hören
unsere Probleme, unsere Sorgen?
Die Sonne geht auf und es wird morgen.

Franz Kafka – Der Prozess

Jemand musste Josef K. verleumdet haben
denn ohne ihn zu fragen
und ohne dass er etwas Böses getan hätte
kam er in Ketten
bildlich gesprochen
er hatte nichts verbrochen
trotzdem bekam er einen Prozess
welcher ihn fortan nicht mehr loslässt.
Er besuchte die Gerichte im Dachbodenraum
keine Hilfe
und atmen konnte er da auch kaum.
Autorität, Machtlosigkeit, anonym
kommt die Bedrohung
doch nie zu ihm.

Jeder mit dem er sprach
ob er auf ihm oder ihm zu Füßen lag
wusste am besten wie das geht im Gericht.
Tu dies, tu das, doch das bloß nicht.
Und er wahrt sein Gesicht
Doch die Schrift ist unveränderlich
Und er wahrt sein Gesicht
er wartet am Tor
und wartet, doch es lässt ihn keiner vor.
Keiner wusste wirklich Rat
ob Maler oder Advokat.
Warum war er hier? Was passiert?
Zehn Kapitel und man hat nichts kapiert.
K. am Ende gab sich hin
Der Prozess zu Ende? Wo ist der Sinn?
In einem Steinbruch
dreht sich ihm das Messer im Herz
wie ein Hund geht er ab
und sein Blick himmelwärts

Freiheitsvermarktung

- Freiheiter bis wolkig
- Freibier = Freiheit
- Was macht frei? - Ein Osterei
- Willst du frei sein, musst du high sein
- Lieber frei, statt nur dabei
- Keine Freiheit, keine Kekse
- Freiheit – Just do it.
- Wenn nichts bleibt? - Freiheit!
- Waschmaschinen leben länger in Freiheit
- Freiheit – für die extra Portion Milch
- Freiheit – Wenns gut werden muss
- Freiheit – eine Perle der Natur.
- Die einzig freie Freiheit
- Trink' ne Coke auf die Freiheit
- Trinke Fanta, lebe freier.
- Freiheit – eine Idee von Intel
- Nichts schmeckt wie die Freiheit
- Freiheit– Hauptsache ihr habt Spaß!
- Freiheit – Quadratisch. Praktisch. Gut.
- Freiheit – weil ich es mir wert bin
- Freiheit – simply clever
- Freiheit, ich bin doch nicht blöd
- Wir lieben Freiheit, wir hassen teuer!
- Soo muss Freiheit!
- Wie, wo, was weiß Freiheit
- Freiheit – für das Beste im Mann
- Alle elf Minuten verliebt in die Freiheit!
- Die einzig freie Freiheit
- Freiheit: Schrei vor Glück!
- Vorsprung durch Freiheit
- Freiheit – Wir leben dich.

Immer öfter

Immer öfter werden im ganzen Land
Asylheime abgebrannt.
Da frag ich mich doch bald im nu:
Geht das mit rechten Dingen zu?

Impressionen eines nachmittaglichen Winterspaziergangs im Regen

Kalt
Nass
Hass

In meinem Bauch

In meinem Bauch da summen Bienen
Bringst mich zum Atmen wie die Kiemen
Eines Fisches auf den Riemen
Eines Bootes auf den Malediven
Wenn die letzten Sonnenstrahlen schienen
denn ich mag dich so
wie die Bilder auf den Schienen
Ich möchte ihnen dienen
Sie kutschieren in den besten Limousinen
muss mir nur noch was verdienen
Möchte mit dir sinnieren
bin am kapieren wenn ich dich seh'
Und am krepieren wenn ich geh'.
Ich steh
auf dich.

Jetzt

Ich schließe die Augen
Stelle mir vor, wie du bei mir bist
Ich schließe die Augen
Stelle mir vor, wie du gerade isst
Ich hab es so vermisst
Weil man es nie vergisst
Auch wenn es mich frisst
Selbst bei aller Trist
Bis zur nächsten Frist
Den Moment
wenn man vollkommen glücklich ist

Kein Netz

Hi.
Um es vorab zu sagen:
Ich würde dir gerne schreiben.
Ich würde dir gerne berichten
erzählen, mich mit dir austauschen.
Doch ich habe kein Netz.
Ich fürchte
ich habe kein Netz mehr zu dir.
Ich fürchte
ich habe den Empfang zu dir verloren.
Ich erreiche dich nicht mehr.
Ich will dir schreiben.
Ich schreibe dir.
Doch es kommt nichts an.
Es versickert wie Wasser in der Erde.
Alles was ich dir sagen möchte
erreicht dich nicht
weil es irgendwo auf dem Weg zu dir
verloren geht.
Irgendwann habe ich dich verloren.
Ich weiß weder wo noch wann genau
es ist einfach passiert.
Ich wollte es verhindern
doch ich konnte es nicht.
Ich war zu schwach.
Ich sah die Gefahr nicht
die sich anbahnte,
weil ich mir immer wieder eingebildet habe
es wäre nicht so schlimm
es würde schon gut gehen.
Ich war zuversichtlich.
Nein, eigentlich war ich naiv.
Ich war zu naiv zu bemerken
dass wir uns immer weiter
voneinander entfernen.

Mit jedem Tag
jedem Moment
in dem wir zusammen waren
und nicht merkten
dass wir uns eigentlich
nichts mehr zu sagen hatten.
Jetzt habe ich dich verloren
du bist fort
und ich habe keine Möglichkeit mehr
dich zu erreichen.
Ich wünschte
ich könnte dich nochmal sehen
dich einmal sprechen.
Ich wünschte
ich hätte dich gar nicht erst verloren.
Du fehlst mir
und ich bemerke es erst jetzt richtig
wo ich dich nicht mehr erreichen kann.

Wenn du mal Zeit hast
melde dich doch mal bei mir.
Ich warte hier auf dich
ich möchte mir die Hoffnung waren,
ich möchte dich wiedersehen
um dich dann nie wieder zu verlieren.
Bis dahin wünsche ich dir alles Gute.

Kurz vor der Frage

Eines schönen Tages
dachte ich mir: Ich wag' es!
Es hat nun schon zu lang gedauert
zu lang gezögert und gezaudert.
Nun werde ich sie fragen.
Doch was wird sie sagen?
Ja? Nein? Vielleicht?
Ob das reicht?

Zweifel und Plagen
Visionen von Klagen
Der Schweiß wird rinnen.
Werde ich gewinnen?
Werde ich siegen?
Werde ich sie endlich kriegen?

Komm schon, lass den Krampf!
Das ist doch hier kein Kampf!
Entspann' dich
und verbann' nicht
alle Freuden der letzten Jahre
in diese einzige kleine Frage.

Also, sitzt das Hemdß
Hält das Deo?
gut gekämmt?

Dann mal los...

Liebesgespräch

Ach, äh Hallo!

                        Hi, wie geht es dir?

Ähm, gut und dir?

                        Super geht es mir!

Ähm also ich...äh...
ich wollte dich...äh...
also fragen...

                        Du willst mir
                    „Ich liebe dich" sagen?

Äh, woher...

                Ich sehe es an deinem Gesicht.
                Oder stimmt das etwa nicht?

Ja...äh...nein...

                            Fein!
                    Und du brauchst mich
                    nicht so anzusehen:
                Ja, ich möchte mit dir gehen.

Lunge

(nach „Die Ärzte - Junge")

Lunge, warum bist du nur so schwarz?
Guck dir die Niere an!
Die gibt es sogar zweimal
Warum sagst du dem Gehirn nicht:
Lass das Rauchen!
Dann lässt das der Mund vielleicht sein
wenn du ihn darum bittest
Lunge

Und wie du wieder aussiehst
Löcher in den Flügeln
Und ständig dieser Teer
Was soll die Leber sagen?
Und dann noch die Gefäße
Da fehlen mir die Worte
Musst du die denn färb'n
Ständig musst du Husten
Wir wissen nicht mehr weiter

Lunge
Brich deinem Körper nicht das Herz
Es ist noch nicht zu spät
dich bei Nichtrauchern einzuschreiben
du hast dich doch früher
so für's Atmen interessiert
wäre das nichts für dich:
Einen Marathon laufen
Lunge

Und wie du wieder aussiehst
Löcher zur Luftröhre
Und ständig dieser Teer
Was soll die Leber sagen?
Elektrische Zigarren

Und immer diese Gräser
Das will doch keiner sehen
Immer aus der Puste
So viel schlechter Umgang
Wollen uns beim Gehirn beschwer'n
Wo soll das alles enden?
Wir machen uns doch Sorgen

Und du warst so ein Atemstoß
Selbst nachts warst du nicht atemlos
Und du warst so ein Volumen
Du warst so groß

Und immer deine Freunde
Ihr nehmt doch alle Drogen
Und ständig dieser Teer

Denk an deine Zukunft,
denk an deinen Körper
Willst du dass wir sterben?

Mein allererstes Gedicht: kalter Wald

Eine uralte Sage
gilt auch heute, keine Frage
Denn nachts im Wald
ist es bitterkalt
und dem Reh im Schnee
tut der Schnee nicht weh
Und der Hirsch mit seinem Geweih
geht zum Huhn – das legt ein Ei.

Mein Kopf

Mein Kopf fühlt sich leer an
als wäre irgendwer dran
meine Gedanken herauszuschrauben
bin alles am Zweifeln
und nichts mehr am Glauben.

Bin ausgepumpt,
als hätte man den Stöpsel rausgedreht
Fühle mich vermummt
als wäre ein Sturm in mein Haus geweht
hätte an den Dielen
und Fenstern gezerrt
hätte sich von Schwielen
und Ängsten ernährt
die mich umgeben
als wollten sie mich umlegen.

Jetzt liegen sie auf mir
auf meiner Brust
ich bekomme sie nicht weg
und sie trinken meinen Frust
der sich breitmacht
weil sich nichts mehr bereitmacht
denn dafür müsste mein Kopf
sich noch regen
doch er ist voll mit Leere
deswegen
bin ich nicht fähig mich aufzuraffen
bin nur noch am beginnen
und nichts mehr am schaffen.

Alles was ich tue, tu ich monoton
und wenn ich mal Ruhe habe
dann höre ich schon
die düsteren Gedanken von fern

sie flüstern mir zu
ich kann sie nicht verstehen
doch sie geben nicht Ruh'.

Sie machen sich breit in meinem Kopf
ohne ihn wirklich zu füllen
ich such verzweifelt den Knopf
Um dieses Spiel zu enthüllen.
Doch ich finde ihn nicht
und denke ich finde ihn nie mehr
so sitze ich schweigend
und mein Kopf ist leer.

Möge der Markt mit dir sein

Ich bin mal wieder einkaufen. Schaue gerade auf die Liste der Inhaltsstoffe eines Erdbeerjogurts.

Plötzlich höre ich Krach. Geschrei, Geschepper, es kommt von den Kassen. Da ist ein Überfall, denke ich bestürzt und schaue mich um. Auch die anderen Kunden sind erschrocken. Ein Mann neben mir lässt eine Packung Eier fallen, was er jedoch sofort bereut. Bevor ich mir überlegen kann, was ich jetzt machen und ob ich mich verstecken oder helfen soll, kracht plötzlich das Nudelregal vor mir zusammen.

Ein blaues Lichtschwert blitzt auf und Obi-Wan Kenobi steht zwischen Tortellini und Makkaronipackungen vor mir. Hinter ihm von den Fertiggerichten stürmt eine dunkle, im Gesicht rot geschminkte Gestalt herbei. Diese zündet ein Lichtschwert mit doppelten Klingen und zersägt damit die halbe Backwarenregalreihe.

Darth Maul, ich erkenne ihn, stürmt auf Obi-Wan zu. Dieser rettet sich mit einem waghalsigen Sprung über Gurkengläser und Ananasstücke, pariert Mauls doppelte Attacke und springt auf den Boden auf die Tiefkühlfächer zu. Leider stolpert er dabei über die Eierschalen, welche der Mann neben mir im Schrecken fallen gelassen hat. Obi-Wan liegt am Boden. Der peinlich berührte Eiermann will ihm aufhelfen, wird jedoch mit einem Fußtritt des Sith außer Gefecht gesetzt. Darth Maul springt auf den immer noch am Boden liegenden Jedi.

Ich halte entgeistert und zu keiner Regung

fähig immer noch meinen Jogurtbecher in der Hand, als plötzlich Meister Yoda persönlich aus der Cornflakesabteilung gesprungen kommt, über die Sonderangebotkörbe gleitet, mir im Flug den Erdbeerbecher aus der Hand reißt und ihn mit einem gekonnten Wurf auf Darth Mauls Kopf versenkt. Der Joghurt schwappt über sein Gesicht, der Becher aufgespießt auf seinen Hörnern, Darth Maul sieht schrecklich aus.

„Monsterbacke von Ehrmann, keiner macht mich mehr an", ruft eine fröhliche Stimme aus den Lautsprechern, bevor dieser von zwei Sicherheitskräften gefasst und Richtung Ausgang geschleift wird. Gegen die Regeln des Marktes ist selbst die stärkste macht seine machtlos und somit machtlos, denke ich schmunzelnd.

Auch Meister Yoda und Obi-Wan werden in Gewahrsam genommen, letzterer immer noch mit verschmiertem Umhang. Die anderen Kunden werden gebeten, den Vorfall zu entschuldigen und ihren Einkauf fortzusetzen. Der Mann mit den Eiern und Ich werden als Zeugen befragt.

Nach kurzem Gespräch werden Obi-Wan und Yoda aufgrund ihres Status als Jedi wieder losgelassen, müssen jedoch ihre Lichtschwerter für den Dauer ihres Aufenthaltes im Supermarkt abgeben.

„Sorry, aber Pyrotechnik ist hier leider nicht gestattet."

Die beiden nicken verständnisvoll und tauschen ihre Lichtschwerter gegen einen Einkaufswagen.

Dann helfen Obi-Wan, Yoda, der Eiermann und ich dem Mitarbeiter die Lebensmittel wieder in die Regale zu stellen. Was kaputt ist, wird abtransportiert. Obi-Wan packt noch ein paar Nudeln im Sonderangebot ein und Meister Yoda reicht mir freundlich einen Bio-Erdbeerjoghurt: „Keine künstlichen Aromen du darin finden wirst."

Ich bedanke mich freundlich und möchte mich gerade von den beiden verabschieden, als Obi-Wan plötzlich innehält. Er schaut Yoda an: „Ich spüre es auch."
Bevor ich mich rühren kann, flitzen die beiden den Gang hinunter. Mir wird wieder unbehaglich zumute. Die beiden tauchen wieder auf, Obi-Wan mit zwei Bananen, Yoda mit einem Baguette in der Hand. Sie bitten den Mitarbeiter freundlich, aber bestimmt, ihnen ihre Lichtschwerter wiederzubringen. Der Mann nickt und flitzt den Gang hinunter.
Währenddessen gehen Yoda und Obi-Wan in Kampfposition. Der Eiermann steht neben mir und reicht mir ein paar braune und weiße Wurfgeschosse. Ich nicke wortlos und schaue vorsichtig um die Ecke.
SSSR! Ein rotes Lichtschwert flammt auf und versenkt mir die vordersten Haarspitzen. Darth Sidious tritt um die Ecke, hinter ihm eine Armee Kampfdroiden. Im letzten Moment kann mich der Eiermann seinen tödlichen Hieben entreißen.
Obi Wan Kenobi und Meister Yoda stürmen auf ihn los. Eier fliegen, Mehlpackungen zerplatzen und hüllen die Kampfszene in weißen Staub. Yoda versucht einen Schlag des Imperators zu parieren, sein Baguette wird jedoch fein säuberlich in zwei Hälften zerteilt und fällt zu Boden. Die Kampfdroiden machen sich schussbereit. Wir sehen hoffnungs-

los unterlegen unserem Ende entgegen.

Darth Sidious hat mittlerweile den Eiermann überwunden und setzt mit seinem Licht- schwert zum finalen Todesstoß an, als ihn plötzlich eine dicke Fleischwurst mitten im Gesicht trifft. Benommen taumelt er zurück.

Ich schaue verwundert zur Wursttheke. Dort stehen Mitarbeiter und Kunden gleichsam versammelt, grimmig dreinschauend und mit Salami, Wurststücken, halben Hähnchen oder auch Ketchupflaschen versammelt. Der vordere reckt ein aufgespießtes Kotelett zum Himmel und brüllt: „Attacke!"

Mit lautem Gebrüll stürmen die Leute auf die Kampfdroiden zu, auch die Käsetheke schließt sich an. Die Kampfdroiden richten ihre Waffen, doch bevor sie abdrücken kön- nen, wirft Obi-Wan seine beiden Bananen wie ein Bumerang und entwaffnet damit die vorderen Reihen der Kampfdroiden, bevor er sie lässig wieder auffängt.

Die hinteren Reihen werden jetzt von der Obst und Gemüsetheke mit allem beworfen, was das Sortiment so hergibt. Kokosnüsse fliegen, Gurken werden geworfen, Orangen erst geschält und dann mit einem Lauchka- tapult geschleudert. Von der anderen Seite nähert sich der Wurst und Käsemob, sie wer- fen mit Spareribsstücken, Kochschinken und Leerdammer Delacrème. Der Eiermann wirft weiter Eier.

Darth Sidious verteidigt sich mit seinem Lichtschwert in bester Fruit Ninja Manier, muss jedoch bald einsehen, dass er gegen diese Übermacht von Mitarbeitern und Kun- den keine Chance hat.

Die nachfolgenden Kampfdroiden versuchen ihr bestes, werden jedoch von Meister Yoda, der sein Lichtschwert wieder bekommen hat, gehackt und an die Lautsprecheranlagen angeschlossen, sodass sie den Laden wieder verlassen und dabei bekannte Werbemelodien und aktuelle Sonderangebote vor sich hinträllern.

Obi-Wan hat mittlerweile auch sein Lichtschwert wieder und macht nun Jagd auf Darth Sidious. Dieser jedoch erkennt die Gefahr der Situation und hechtet auf die Kassen zu. Kurz bevor er dem Jedi entwischen kann, ergrellt plötzlich ein Alarmton und Darth Sidious Imperator wird wiederum von den Sicherheitsbeamten festgehalten. Er protestiert. Doch vergebens. Die Sicherheitsleute finden in seinem Mantel einen Bio-Erdbeerjogurtbecher, welcher ihm laut eigener Aussage wohl „irgendjemand zugesteckt" haben muss. Darth Sidious wird wie Darth Maul auch von der Polizei abgeholt. Yoda und ich zwinkern uns grinsend zu und ich denke: Der Markt reguliert sich selbst.

Die anderen Leute legen nun ihre Lebensmittel aus der Hand. Alle dürfen den Jedis die Hand schütteln, es werden eifrig Autogramme geschrieben. Obi-Wan entschuldigt sich für den entstandenen Schaden, doch der Filialleiter lächelt nur und meint: „Für die Belohnung die sie für die beiden kriegen, können sie den Schaden locker begleichen."

Dann helfen alle gemeinsam beim Aufräumen und der Filialleiter spendiert jedem und sich selber noch eine Flasche Rotwein. Der eifrige Mitarbeiter bekommt im Überschwang der Leidenschaft eine unbefristete Stelle inklusive Gehaltserhöhung.

Nach dem Aufräumen sitzen wir noch lange beisammen auf dem Boden des Supermarktes, reden und tauschen Handynummern oder Einkaufslisten aus. Einige bringen ihre Einkäufe zu Ende, andere fahren kurz weg und bringen Familie und Kinder mit, die alle eine Scheibe Wurst geschenkt bekommen, welche Yoda gutmütig mit seinem Lichtschwert abschneidet. Schließlich wird es Abend. Die Jedis werden unter gehörigem Applaus verabschiedet mit dem Versprechen des schon leicht vom Rotwein angeschwipsten Filialleiter, dass sie „jederzeit widderkomm' könn, geht alles aufs Haus".

Als es dunkel wird und der Laden schließlich zumacht, erheben sich die letzten noch dagebliebenen, löschen das Lagerfeuer, welches sie trotz der Brandschutzbestimmungen und mithilfe ausgeschalteter Rauchmelder angemacht haben und stützen den nun schwer lallenden Filialleiter und dem unbefristet eingestellten Mitarbeiter auf dem Weg aus der Filiale.

Über uns leuchtet das rote Schild des Supermarktes in der Dunkelheit. Wir verabschieden uns, fahren nach Hause, andere lassen vorsorglich das Auto auf dem Parkplatz stehen. Wir setzen die beiden Betrunkenen vor die Eingangstür und lassen sie dort ihren Rausch ausschlafen. Schließlich sind nur noch der Eiermann und Ich da. Bevor wir gehen frage ich ihn noch:

„Warum hast du dich eigentlich unseretwegen so in Gefahr gebracht?"

Der Eiermann schaut zu dem rot leuchtenden Schild hoch und sagt:

„Ich hab mir halt gedacht:

Bevor wir hier sterben, dann besser leben."

Pausenrevolution

„Sie sind ein Arschloch!"
Ich brülle es über den ganzen Schulhof
„Sie sind bekloppt, einfach Scheiße!
Sie sind ein egoistischer Nichtskönner
und doch haben sie so viel Macht hier,
doch ich sage: Nicht mit mir!
VERPISS DICH!
Ich hasse Sie!"
Meine Stimme ist heiser
sie schauen mich an
ich gehe schnellen Schrittes
und sie werden nicht leiser
weil es keiner kann
musste ich es sagen
festen Trittes.
Einen Arschtritt will ich ihm geben.

Um die Ecke
an der Turnhalle vorbei
ehe ich mich verstecke
muss ich es sagen.
„Dieser Lehrer
hat uns alle betrogen
hat mich erpresst!"
Sie schauen mich an
es gibt mir mir den Rest.
Sie essen an ihrem Pausenbrot.
Ich brülle sie an:
„Verrat und Tod!
Macht die Augen auf!
Und lasst euch von diesem Scharlatan
nicht mehr hinters Licht führen!"

Die Wachen tauchen auf
sie wollen mich halten.

Lauf!
Sollen sie rufen
das Feuer schüren
heute werden sie mich nicht mehr kriegen
ich bin frei
Irgendwann werden wir siegen
denn wir sind eine Masse
wir sind dabei
wir werden immer mehr!

Noch ein letztes Mal schreie ich
über den ganzen Schulhof
sodass es alle hören sollen
egal wo sie sich gerade befinden.
Ich bin raus.
Die Tyrannen dieser Welt
werden mich nicht mehr
in ihren Händen halten.
Es ist vorbei.

Es gongt,
ich gehe rein.
Ein paar letzte schauen
oder auch nicht
dann beginnt der Unterricht.

Rede für den Menschen

Es ist so weit.
Die Zeit ist gekommen.
Der tief in der Menschheit verwurzelte
Narzissmus befreit sich nun endgültig
und schlägt sich seine Bahn
in die letzten Winkel der Menschheit.

Nicht mehr länger konnte
hingenommen werden
dass die Schönheit des Individuums
in den Schatten gestellt
sogar verdrängt wird.

Dies hat jetzt ein Ende.
Ein neues Zeitalter bricht an.
Der Egohumanismus
oder wie man ihn nennen mag.
Im Zentrum steht nur der einzelne
in all seiner Perfektion.

Damit steht jeder einzelne von nun an
auch in vollkommener Verantwortung
zu sich selber.
Es genügt nun nicht länger
sich in sein imaginäres Schneckenhaus
zurückzuziehen.

Stadtdessen ist jeder nun gefragt
das Beste aus sich
und seiner Schönheit herauszuholen.
Dieses Ziel streben wir an.
Zum Wohle des Individuums.

Schneewittchen und die sieben Zwerge
(frei nach dem Märchen)

Es war einmal in einem Königreich
dort war nicht nur der König reich.
Auch dem Volke ging es gut
es tat was man als Volk so tut.
Dem König war zwar nicht sein Reich
dafür sein Reich-sein reichlich gleich
denn er erreichte reich zu sein
weil es für ein reichte eine leichte
nicht zu verweichte
seichte milde Frau zu haben
an derer er sich konnte laben
Tag für Tag und es kam die Zeit geschwind
da bekamen sie ein Kind.
Und dieses Kind zu sehen tat gut
die Lippen tiefrot wie edles Blut
die Haut wie Schnee
ach, wenn ich's seh'
und erst ihr Haar wie Ebenholz
darauf war der König stolz.
Schneewittchen wurde sie genannt
und in Blüte stand das ganze Land
bis plötzlich man bei der Königin befand
der Befund ist nicht gesund
ein Tumor wächst in ihrem Leibe
wenig Zeit ihr noch verbleibe.
So starb sie jung, das Land trug Trauer
der König dacht: Bevor ich versauer'
und alt und grau bin
lebensmüd ein Jammertal
heirate ich ein zweites Mal.
Doch dieses Mal lag er daneben
denn mit der Stiefmutter
in Schneewittchens Leben
sollte sie es nun bald erleben

Stunde für Stunde musste sie weben
Tiere oder Kinder hegen
die Palastgemächer pflegen
und im Regen den Garten fegen
wahrlich, die neue war kein Segen
für Schneewittchen
doch sie sagte:
„So wirst du nicht zum Flittchen
und bleibst gehorsam brav und adrett."
Schneewittchen fand das gar nicht nett.

Nun kam zu allem noch dazu
die Stiefmutter war immerzu
ein Wesen von geringer Heiterkeit
doch dafür großer Eitelkeit.
Jeden Abend ihr Smartphone gezückt
sich ins rechte Licht gerückt
und vor dem Spiegel ganz entzückt
auf den Auslöser gedrückt.
Das Foto dann auf Instagram
wo man es heut' noch finden kann.
Dann hielt sie ihr mobiles Endgerät
und sprach wie an jedem Abend spät:
„Ok Google,
wer ist die Schönste im ganzen Land?"
Die Antwort war ihr längst bekannt.
„Du Königin bist die Schönste
im ganzen Land."
war die Antwort welche Google fand.
Zufrieden stieg sie dann adrett
im Nachthemd in des Königs Bett.
Dieser war durch all die Trauer
blind geworden
Schneewittchen war für ihn nur noch
wie der Norden
es ist zwar nett dort hinzugehen
doch die Sonne ist dort nie zu sehen.

So vergingen Jahr um Jahr
und es geschah
dass Schneewittchen immer älter war
eine junge Dame, voll Anmut und Schönheit
und ihre Blicke trafen die Knechte
ganz schön weit
in ihre Herzen welche sie ihr schenkten
weil sie deren Blicke lenkten.
So geschah es eines Abends
nach der Selfierunde
dass die Stiefmutter wieder bat um Kunde:
„Ok Google,
wer ist die Schönste im ganzen Land?"
„Du Königin bist elegant
doch Schneewittchen ist charmant
um nicht zu sagen noch charmanter
anmutiger, eleganter
sie ist die Schönste
unübertroffen
da kannst du nur müde hoffen."
Entsetzt schrie die Stiefmutter in ihr Phone:
„Glaub mir, das ändere ich schon!
Ok Google, ruf den Jäger an!"
„Sorry, er geht grad nicht dran."
„Dann zeig mir seinen Standort an!"
„Bedauert wenn ich das nicht kann."
„Zum Henker!"
„Soll ich den Henker anrufen?"
„Nein verdammt, ich nehm' die Stufen!"
So eilte die Stiefmutter hinab
zu des Jägers Hütte.
„Jäger, ich formuliere es als Bitte:
Schneewittchen bringst du tief in die Wälder
wo sie keiner hört
wo nur der Hirsch röhrt und euch stört
dort nimmst du ein kleines Messer
wobei ein großes ist schon besser
und erstichst sie ohne Gnade.

Mach ein Bild von ihr und lade
es in meine Dropbox rein.
Dann verschwinde und sag kein'
was in dieser Zeit geschah
reicher Lohn wird dir gewahr."
„Meine Königin, das kann ich nicht!"
„Schweig! Das fällt nicht ins Gewicht.
Du tötest Schneewittchen
sonst landest du im Kittchen!"
So blieb dem Jäger keine Wahl
er nahm Schneewittchen zu seiner Qual
wie so oft mit in die Wälder
fern ab der Bauern Haus und Felder.
An einer Lichtung blieb er stehen
konnte ihr Gesicht nicht sehen
wie es froh im Sonnenlicht
gen Himmel schaute
„Ich kann es nicht!",
sagte er und verriet ihr seinen Auftrag
welchen die Stiefmutter ihm aufgab.
Schneewittchen erschrak:
„Was soll ich tun?"
„Laufe weit, höre nicht auf zu ruh'n!
Flüchte aus dem Königreich
ich decke dich, das sag ich gleich.
Sie will ein Bild von deiner Leiche
doch ich hoffe sehr es reiche
wenn sie glaubt da dich zu sehen
doch nun musst du rasch von hier gehen."
„Doch sag mir Jäger,
wie willst du es fertigbringen?
Wie soll die Täuschung dir gelingen?"
„Ich nehme einen Schweinekopp'
den Rest erledigt Photoshop."

So lief Schneewittchen tiefer
in den Wald hinein,
der Jäger bearbeitete das Schwein

bis es aussah wie ein Wesen
das vor kurzem Schneewittchen
war gewesen.
Voll Kälte durchfroren, zitternd und nass
erreichte Schneewittchen
nach ein paar Tagen was
endlich wie eine Unterkunft aussah.
Ein kleines Haus, wurd' ihr gewahr.
Sie klopfte und als niemand Antwort gab
das Klopfgeräusch allmählich verstarb
trat sie leise dort hinein
alles war verwundernd klein.
Sieben Stühle mit sieben Tellern
und sieben Bechern
befanden sich unter diesen Dächern.
Schneewittchen, erschöpft
und durstig wie sie war
nahm einen Becher und wie's geschah
hatte sie ihn schon geleert
auch der Teller wurd' entehrt.
Doch natürlich war sie brav erzogen
so wusch sie alles und dann flogen
alle Sachen an der Spüle
das waren viele, ungelogen
in die Schränke, auch die Stühle
reinigte sie und noch dies und jenes
das Opfer eines Hausfrauengenes.
Doch als die Stube blitzeblank
fühlte sie sich wieder müd' und krank.
So ging sie nach oben ins Schlafgemach
es lag zu dieser Stunde brach.
Sieben Betten standen dort
ihre Besitzer waren fort.
So legte Schneewittchen sich
denn sie waren klein
auf drei von ihnen
und schlief ein.

Im nahen Bergwerk unter Tage
dort woher der Steiger kommt
erschall' in diesem Augenblicke prompt
das Signal zum End' der Schicht
und der erste Zwergenwicht
kam heraus gekrochen
sechs folgten, müde vom malochen
und dennoch heiter
schließlich Feierabend
und so sangen sie nach Hause trabend:
„Yolo, Yolo, wir sind vergnügt und froh."
Als sie jedoch zuhause eingetroffen
bemerkten sie: Die Tür steht offen.
Schleichend erkundigten sie das Haus
auf einmal schrie man es heraus:
„Hier hab dich doch immer gesessen,
wer hat von meinem Tellerchen gegessen?
Speisen waren es doch sieben
wo ist meine nur geblieben?"
„Auch mein Becher ist beschmutzt
jemand hat das hier genutzt."
„Doch seht, die Küche, sie ist blank poliert!"
Kein Zwerg hat es recht kapiert
so gingen sie hinauf
das Staunen hörte nicht auf.
„Wer hat in meinem Bettchen geschlafen?"
„Die Frage sollte man strafen,
in meinem schläft jemand immer noch."
Ein jeder Zwerg ans Fußende kroch.
„Ein Mädchen ist's, was macht sie denn da?"
Schneewittchen wurd' der Lärm gewahr
sie erwachte
lachte
und machte
einen netten Gruß
zu den sieben Gesichtern
welche sie neugierig ansah'n
und erzählte weshalb

sie das Bettangebot annahm.
Die Zwerge erschraken über das
was sie erzählt bekamen
man hörte
wie sich der ein und andere empörte
doch dann beschlossen sie
im feierlichen Rahmen
Schneewittchen dürfe hier bleiben
sollte sich möglichst im Haus herumtreiben
hier und da den Abwasch machen
und alle hätten was zu lachen.
Dies nahm Schneewittchen dankend an
so ging des morgens Mann für Mann
beziehungsweise Zwerg für Zwerg
zum Arbeiten ins Bergwerk
und Schneewittchen kochte
und putzte Tag für Tag
jeder Zwerg ihr etwas als Herdprämie gab.

Im Palast hingegen
führte die Stiefmutter nun
ein sorgloses Leben
sie konnte sich dem schönen
und edlen hingeben.
Eines Tages in Gedanken versunken
sie hatte zuvor ein Glas Wein ausgetrunken
fragte sie mal wieder ganz unverwandt:
„Ok Google,
wer ist die Schönste im ganzen Land?"
„Königin ich sag es dir
ihr seid die schönste hier
aber Schneewittchen
hinter den sieben Bergen,
bei den sieben Zwergen,
die ist immer noch die erste Wahl
denn schöner als ihr ist sie tausendmal."
„Ach, sie hat überlebt
bei den sieben Zwergen

wollte sich hinter
den sieben Bergen verbergen?
Doch bald liegen sie in sieben Särgen!
Schneewittchen,
dich bekomme ich noch in die Finger
ebenso den Jäger
er soll schweigen für immer."
So ging der Jäger in den ewigen Jagdgrund,
durch das
was der Spiegel der Königin tat kund.
Diese schmiedete nun einen Plan um allein
wieder die Schönste im ganzen Land zu sein.
Sie verwandelte sich in eine Händlerin
die als wandernde Pendlerin
hinter die sieben Berge schlich
verborgen blieb ihr wahres Gesicht.
Nach sieben Nächten
und sieben Tagen genau
die Zwerge waren grade wieder im Tagebau
erreichte sie das Zwergenhaus
doch alle Zwerge waren aus.
So klopfte sie eilends an der Pforte,
Schneewittchen öffnete
und sie sprach die Worte:
„Sei gegrüßt mein liebes Kind
dies meine Produkte sind.
Aus fernen Ländern, edel fein
kaufte ich sie damals ein.
Dir biete ich hier dies Gerät
ein Schmuckstück wie's im Buche steht.
Ein wahrlich wahres Wunderstück
voll Eleganz, es bringt dir Glück.
Der Apfel hier, das ist sein Zeichen
es wird für all deine Wünsche reichen.
Nimm es in die Hand
ich hab so eins schon
sein Name ist das iPhone."
Sie reichte ihr das mobile Endgerät

schon war's für Schneewittchen zu spät.
Voll Entzücken nahm sie es an sich
es war so glatt, nicht eckig, fransig
wie aus dem Ei gepellt wortwörtlich
sie verliebte sich sofort unsterblich
in dieses kleine Wertobjekt.
Sie merkte nicht was in dem Inneren steckt.
Dort unter der Hülle, ganz versteckt
ein Sprengsatz ward' dazu gesteckt.
Sie bemerkte ihn nicht
schaute nur ganz gebannt
auf das Gerät in ihrer Hand.
Der Händlerin gab sie das Geld
schloss die Tür, die Außenwelt
und gab sich träumend
frei von Sinn,
ihrem neuen iPhone hin.
Sie hielt es bei sich den ganzen Tage
sie fühlte sich nicht in der Lage
es einmal aus der Hand zu legen
und so geschah es. dass beim Pflegen
ihrer Haare gegen Nachmittag
das Handy auf ihrem Bauche lag
sie lag auf dem Sofa
und kämmte sich friedlich
wirkte so unschuldig, schön und niedlich.
Da platzte der Apfel, die Hülle entflog,
es gab einen Knall und der Sprengsatz zog
das Handy entzwei und durchbarst die Haut
in sich zersplitterte es laut
der Apfel zersprang in tausend Stucke
ihr Leib wurd' eine große Lücke
und eh Schneewittchen sich's versah
nahm sie schon nichts mehr um sich wahr.

Die Königin war da bereits zurückgekehrt,
eilig fuhr sie ihr Gefährt
ins Schloss, denn sie wusste

sie konnte es wagen
sich sicher zu sein
denn das iPhone war bei Schneewittchen
und diese allein.
So würde sie es immer bei sich tragen
bis es explodieren tat
und so kam niemand hinter diese Tat
geschweige denn, dass sie es tat

So war Schneewittchen
in den Zwergenhausecken
ohnmächtig und am verrecken.
Ihre Zeit
und ihr Blut schwanden unaufhaltsam
für Sadisten durchaus unterhaltsam
doch für Schneewittchen wurde es knapp
da stieg vor der Haustür ein Prinz herab.
Er war müde von der langen Hast
und hoffte bei den Zwergen
auf Tank und Rast.
Er sah die Tür offen und stieg hinein,
er musste sich ducken, das Haus war klein.
Da sah er Schneewittchen auf dem Boden
freilich noch schön
doch physisch nicht allzu gut
denn nicht nur ihre Lippen
waren nun rot wie Blut.
Schnell beugte er sich zu ihr
spürte ihren Puls noch vage
erst einmal stabile Seitenlage
Notruf, beatmen
Blutung stoppen soweit es geht
der Prinz versuchte alles
was in seinem Können steht.
Der Notarzt kam
gerade noch im rechten Augenblicke
sie röchelte noch, blass ihre Blick
Blaulicht, OP, Intensivstation

Zwerge informieren, schon
kamen sie herbeigeeilt
noch schwarz von Kohle
doch schmerzlich besorgt
um das Wohle
Schneewittchens
auch der Prinz harrte aus an ihrem Bette.

So verging Tag für Tag und es hätte
noch länger gedauert
wenn nicht der Prinz
nach mehreren Wochen,
sie verlassen musste
hatte schon zuviel verbrochen
dass er einfach im Hospital geblieben
die Pflicht rief, er wurde weiter getrieben.
Sie schlief immer noch, er stand vor ihr rum
dann beugte er sich und drückte ihr stumm
einen Kuss auf den Mund
sie bemerkte es nicht
eine stumme Träne lief ihm übers Gesicht
perlte von seiner Wange und berührte ihres
er wandte sich um, da sah er den Iris
ihrer Augen, wie sie langsam sich erhoben
er brach in Tränen aus
begann Gott zu loben
rannte in den Flur
rief die Ärzte
seine Diener
sagte: „Ich bleibe hier, nichts ist mir lieber
als ihre Augen zu sehen
ihr müsst alleine weitergehen
ich möchte bei ihr bleiben
für sie sorgen, sie behüten,
möge der König es mir vergüten."
So erwachte Schneewittchen
und als wäre nichts gewesen
war sie mit einem Male genesen.

Der Prinz wartete nicht allzu lang
schon bald nahm er ihre Hand
und hielt um sie an.
Alsbald klang Glockengeläut
durchs ganze Land
weil der Prinz seine Prinzessin fand.
Ein rauschendes Fest
von dem man noch viele Jahre sprach
überall lag die Arbeit brach
alle waren eingeladen
auch die Königin
musste mit Schrecken entdecken
Schneewittchen war nicht mehr
am verrecken
sondern quicklebendig
und die Allerschönste weit und breit
die Königin war es leid
sie wollte Schneewittchen
ein für allemal richten
sie eliminieren, zu Deutsch: vernichten.
So schlich sie sich ins feindlich Nest
zu töten die Braut auf dem Hochzeitsfest.
Doch als sie heimlich
wollte von der Torte naschen,
konnte Schneewittchen
einen Blick erhaschen.
Sie schrie:
„Das ist sie!
Die Händlerin
meine Stiefmutter
fasst sie, sie ist die Schänderin
außerdem nascht sie von der Butter-
torte."
Ihre Worte
fanden Anklang
es entstand ein großer Andrang
und schon bald ward' die Mörderin gefasst

sie blickte zu Schneewittchen
ihr Gesicht verhasst.
Der Prinz sprach:
„Du sollst büßen
für deine Taten
und ich würde es begrüßen
wenn wir damit nicht mehr länger warten.
Zieh diese Schuhe an
ich will sehen wie die Mörderin laufen kann
darin, in 20 Zentimetern Absatz
dazu liest du bitte jeden Absatz
laut und bitte gesungen,
iTunes Allgemeine Geschäftsbedingungen.
Das ganze tanzend
mit deinen schwarzen Katzen
zur Musik der Kastelruther Spatzen."
So geschah es
sie wurde in den Raum gesperrt
las und tanzte bis sie wahnsinnig geworden
und sich schließlich tat
mit den High Heels ermorden.

Natürlich starben auch der Prinz
und Schneewittchen
und leben nicht mehr heute
trotzdem lebten sie lange
verzückten viele Leute.
Sie bekamen ein Kind
und traten damit von ihrem Palast aus
vor die Menschenmassen.
Das Fernsehen übertrug live
Musik erklang aus allen Gassen.
Das Kinde war ein Mädchen
ihre Haare schwarz wie Ebenholz
Die Haut so weiß wie Schnee
ihre Lippen so rot wie Blut
so standen sie am Fenster
alles war gut.

Schwarz-Weiß

Gibst du dein Leben für andere auf?
Oder zielst du auf diese Menschen im Lauf?
Oder lässt du Eindrücke erst einmal sacken?
Selbst der größte Held hat seine Macken.
Ich sterbe nur für meine Interessen
natürliche Tode könnt ihr vergessen.
In ein optisches Raster wie ein Zebrafell
erkenne ich Freunde und Feinde schnell
und die sind dumm und die sind kriminell
und dann mache ich mir mein Zimmer hell.

Wenn ich aus dem Fenster seh'
aus dem Fenster geh'
sehe ich so viele Farben
und die Welt so scharf, so genau
doch geh ich mein Zimmer
ist alles wieder grau.
Innen ist es kalt, außen heiß
Blende, Filter, Effekt Schwarz-Weiß.
Immer hat es gute und böse gegeben
sie lieben und hassen
nehmen sich das Leben
Doch wer sind die bösen
wer sind die guten?
Können wir diese Welt
unseren Kindern zumuten?

Die einen wollen Freiheit
die andern unterdrücken
weil das Blut dann rein bleibt
und sie gemütlich frühstücken
und sind am Ende alle platt
spielt es dann noch eine Rolle
wer angefangen hat?

Wenn ich aus dem Fenster seh'
aus dem Fenster geh'
sehe ich so viele Farben
und die Welt so scharf, so genau
doch geh ich mein Zimmer
ist alles wieder grau.
Innen ist es kalt, außen heiß
Blende, Filter, Effekt Schwarz-Weiß.
Immer hat es gute und böse gegeben
sie lieben und hassen
nehmen sich das Leben
Doch wer sind die bösen
wer sind die guten?
Können wir diese Welt
unseren Kindern zumuten?

Nichts bewegt sich mehr, alles steht,
einzig die Blumen
wachsen still in ihrem Beet
Ich sehe das Elend in Gassen und Gossen
lasse die Haustür für immer verschlossen.

Wenn ich aus dem Fenster seh'
aus dem Fenster geh'
sehe ich so viele Farben
und die Welt so scharf, so genau
doch geh ich mein Zimmer
ist alles wieder grau.
Innen ist es kalt, außen heiß
Blende, Filter, Effekt Schwarz-Weiß.
Immer hat es gute und böse gegeben
sie lieben und hassen
nehmen sich das Leben
Doch wer sind die bösen
wer sind die guten?
Können wir diese Welt
unseren Kindern zumuten?

Sie bewegt sich

Sie bewegt sich
Sie tanzt im Licht der Einsamkeit
Sie trinkt die Tropfen
und benetzt ihre Lippen mit Morgentau
Sie lässt den Wind vorbeiziehen
lässt sich nur von der Sonne führen
Sie lässt die Wolken vorbeiziehen
lässt sich nur von der Sonne führen
Sie atmet feuchtes Laub
verstaubte Erinnerungen
und rostige Lieder
Sie lässt nichts an sich ran
denn sie bewegt sich und tanzt alleine.

Staatenlos

(nach „Helene Fischer - Atemlos")

Wir ziehen durch die Straßen
sind noch müde und platt
diese Reise hat uns richtig müde gemacht
Ohoo, ohoo

Ich schließe meine Augen
seh' die Bilder im Nu'
auf meinem Arm die Narben
wie ein Liebestattoo
Ohoo, ohoo

Was mit diesem Land auch ist
Bilder die man nie vergisst
Und ihr Blick mit mir gezeigt
es bleibt keine Zeit.

Staatenlos durch die Nacht
bis ein neuer Tag erwacht
Staatenlos, einfach raus
und das Leiden ist nicht aus

Staatenlos durch die Nacht
spür' was Fremdhass mit uns macht
Staatenlos, vogelfrei
ein paar Nazis komm' vorbei:

„Du bleibst hier nicht ewig
keine Drecksausländer
Alles was wir wollen
ist weg mit dir
Du bleibst hier nicht ewig
gehst hinter die Grenze
Komm nimm meine Hand
ich zeig sie dir"

Ich hab' 'ne alte Jacke
und ein bisschen Geld
dein Foto ist nur das was uns zusammenhält
Ohoo, ohoo

Schlafen hier zu Hundert
haben ein Dach doch kein Haus
keiner fällt uns in die Arme
keine Tür geht hier auf
Ohoo, ohoo

Alles was ich will ist da
nur die Freiheit, schon ganz nah
doch man will uns hier schnell weg
weil ich das Land verdreck'

Staatenlos durch die Nacht
spür' was Fremdhass mit uns macht
Staatenlos, vogelfrei
ein paar Nazis komm' vorbei:

„Du bleibst hier nicht ewig
keine Drecksausländer
Alles was wir wollen
ist weg mit dir
Du bleibst hier nicht ewig
gehst hinter die Grenze
Komm nimm meine Hand
ich zeig sie dir"

Staatenlos.
Ich spür' Blut auf meiner Haut.

Staatenlos durch die Nacht...

ungesattelt

Immer mehr rein!
Alles muss leer sein!
Kein Tropfen darf vergeudet werden!
Die Reiter auf ihren Pferden
lassen jetzt die Zügel los
und ihre Gaule stürzen sich zügellos
auf das gedeckte Festmahl vor ihren Augen
sie schlingen
und ringen
und singen
und klingen
im maßlosen Takt der Völlerei
und ihre Reiter sitzen fröhlich dabei.
Wie sie mit Sahne spritzen,
mit flotten Witzen sitzen
Ritzen in die Torten ritzen
noch ein Stück
noch einen Happen
den Muffin für den Schimmel
und die Pastete für die Rappen
Es fließt der Wein
der Alkohol
alles muss rein
das findet nicht mal Falko hohl.
Er hockt am Tisch mit Alex, Bibi und Tina
und sie exen Instant-Nudeln aus China.
Der Lippizaner hat Bock auf Lasagne
vermisst seine Mutter
es entsteht ein Konflikt
und sie werfen mit Futter.
Spirit greift in seine Mustang
zückt das Handy
bestellt zweimal Lasagne
und Pferdewurst für Wendy.
Hier tummelt sich die Reitelite

auf dass ein jeder cheate
die Tropfen die es gibt machen nicht nur k.o.
push deinen Cocktail
und dann bist du gedopt.
Es wird warm in der Halle
weil die Stimmung bis nach draußen hallt.
Reithöfe sind fast immer außerhalb.
Gut, dass die Polizei
nicht an solchen Orten wacht
die Shetlandponys starten
eine Tortenschlacht.
Langsam füllt sich
die mit Heu bedeckte Tanzfläche
auf dass sich wie beim Dressur
jeder falsche Schritt ganz räche.
Denn nur die geilsten Hengste
kriegen die süßesten Stuten
und so beginnen die Kämpfe
und nicht immer im Guten.
Ungeduldig wird schon
mit den Hufen gescharrt
in den Boxen wird schon eifrig gepaart.
Die Reitpeitsche wird rausgeholt
jetzt wird richtig geritten
auf der Bühne beginnt der DJ
und es wird weiter gestritten.
Sie sticht der Hafer
der Mund wird wässrig
sie grölen: „Geh mal Heu holen
du wirst schon wieder hässlich!"
Und in anmutiger Ekstase
lassen alle Gäule ihre Schweife wedeln
im dichten Neonlicht
und der DJ wiehert
und die Pferde sind dicht.
Alles feiert und freut
manches reiert, manches scheut.
Um zu behaupten

man hat schon Pferde kotzen seh'n
brauch man jetzt nur aus der Tür zu geh'n.
Die Bässe pumpen
die Isländer nehmen sich jetzt Huckepack,
wer die meisten schafft
kriegt einen Hafersack.
So feiern sie bis spät in den Morgen hinein
die Orgie für alle, ob groß oder klein
Es wiehern zur Musik die Rassen dieser Erde
das Glück ist hier
auf dem Rücken der Pferde!

Unter Eichen

Dem Sternenhimmel folgend
den sanften Lichtern, milde müd'
steh ich schweigend unter Eichen
zwischen all dem unerreichten
deren Stämme strahlend hell
durch des Mondes weißen Schein.

Angestrengt lausch' ich der Ferne
horchend, hoffend, höflich, hart
haben Äste mich hier gerne
und die Blätter suchen Rat.

So frag ich bittend
stumm und starrend
ängstlich Schatten meines Hauptes
steigt heraus
versteint verharrend
alles böse längst geglaubtes.

Nur kein Wald wird mir hier helfen
keine Krone hält mich fest
keuchend unterm Sternenhimmel
vergeht der Mond und dann der Rest.

Unwichtig

Das
was
hier
steht
kannst
du
ruhig
überlesen.

Tue
so
als
wäre
es
nichts
gewesen.

Denn
dieses
Gedicht
ganz
unverhüllt
ist
nur
hier
damit
es
diese
Seite
füllt.

vergänglich

Und das Leben zieht vorbei.
Tag für Tag reist es weiter
und wir mit ihm.
Das einzige was bleibt sind Erinnerungen
flüchtige Blitzlichter unserer Existenz
abgespeichert
in einem biologischen Gebilde
dem Tode verfallen.
Der Inbegriff der Sterblichkeit
vergänglich wie eine Blume
wenn der Herbst naht.
Ein kurzer Ausflug auf den Spielplatz.
Einmal rutschen
einmal schaukeln
einmal klettern
und dann wieder gehen.
Ein kurzer Blick zurück und nachhause
das Essen wartet.
Sich nicht verlieren in Kleinigkeiten
in Beliebigkeiten und Zufällen.
Wir haben doch nur eine Zeit
in der wir leben können.
Lebendig aufstehen und die Uhr anhalten.
Einfach so.
Die Batterien rausnehmen
und die Uhr bleibt stehen.
Aber innerlich läuft sie weiter.

Tick-Tack Tick-Tack

Irgendwann steckst du
die Batterien wieder rein
weil du es nicht ertragen kannst.
Diese Stille.
Deinen eigenen Herzschlag zu hören

das Symbol deines Ablebens.
Eine Zeitbombe.

Tick-Tack Tick-Tack

Irgendwann gehst du hoch.
Es zerreißt dich innerlich
als würde etwas tief verborgen
langsam wachsen
und sich ausbreiten.
Stück für Stück
Tag für Tag.
Du spürst
wie es sich langsam ausbreitet.
Sich auf deine Lungen setzt
dir die Kehle zuschnürt.
Schreien bringt nichts.
Man kann ihn nicht hören.
Ebenso wenig wie er dich hört.
Er kommt einfach
und das unablässige Pumpen in deiner Brust
erinnert dich daran,
dass er dich nicht vergessen hat.

Tick-Tack Tick-Tack

Und das Leben zieht vorbei.
Tag für Tag reist es weiter
und wir mit ihm.
Bis es beendet wird.
Solange sitzen wir hier
in einer endlosen Spirale
aus erhoffen und enttäuscht werden
und in uns tickt es.
Unaufhörlich.

Vorm offenen Fenster

Hallo, wie geht es dir?
Ich wollte dir einfach mal schreiben
und dir erzählen was ich so mache.

Was du machst weiß ich ja.
Du bist so beschäftigt.
Du hast zu tun und wirst gebracht.
Du musst deine Arme überall haben
und immer eine schützende auflegen.
Du sollst Wegweiser sein
Ziele setzen
und den Start vorbereiten.
Ich hingegen?
Ich sitze mal wieder abends
vorm offenen Fenster
und schaue in unsere Nachbarsgärten.
Es ist eigentlich viel zu kalt
und ich friere auch
aber meine Güte:
Es ist halt Sommer.

Ich habe nicht viel zu tun.
Meine Arbeit ist zu hart
als dass sie mich langweilen würde
aber zu eintönig um mich zu fordern.
Ich mache sie einfach
und abends sitze ich
vorm offenen Fenster
und sehe in die Nachbarsgärten.
Ich höre die Vögel
wie sie tagtäglich ihre Lieder singen
die Kinder am Nachmittag
wenn sie von der Schule kommen
und sich eifrig unterhalten.
So vieles ist hier los.

So vieles zieht vorbei.
Es kommt und geht
es zieht einfach an mir vorbei.
Ich wünsche mir sehr
dass du bald wiederkommst.
Es ist so einsam ohne dich.
Ich vermisse dich.
Ich vermisse dich manchmal
und jedes Mal wenn ich dich vermisse
halte ich kurz inne.
Und die Welt scheint in einem
Zeitlupentempo
an mir vorbeizuziehen.
Eigentlich steht sie still.
Für einen kurzen Moment passiert gar nichts.
Dann geht das Leben wieder normal weiter
als ob nichts gewesen wäre.
Ich weiß nicht wie es dir geht.
Aber ich denke du hast diese Momente nicht.
Für dich ist das alles ein Spiel.
Ein Glücksrad, welches jeden Tag
bei einer anderen Farbe stehen bleibt.
Du hast so viel um dich herum
als ob du der Fixstern
eines Sonnensystems wärst.
Du liegst mitten im Sand aus Informationen
und Worten und mir wird kalt
weil ich trotz elf Grad
immer das Fenster auflasse.
Es ist ja Sommer.

Ich hoffe und wünsche mir
dass du bald kommst
und meine kaputte Uhr wieder reparierst.
Ich wünsche mir
immer so ein Leben zu haben
wie du es führst.
Doch ich versage immer

an der Verlockung
eines weichen Bettes in meinem Zimmer
und knallgelben Rosen unserer Nachbarin.
Du hast auch ein Bett
aber ob deine Nachbarn Rosen haben
weiß ich nicht
vielleicht auch nur Narzissen.

Auf Wiedersehen
Wie geht es dir?
Ich wollte dir einfach mal schreiben
und dir erzählen was ich so mache.

Wärst du

Wärst du mein Eukalyptusblatt
wäre ich gern dein Koalabär.

Wärst du ein Schild an einer Kreuzung
dann führe ich jeden Tag da her.

Wärst du Rewe
würde ich von jetzt an besser leben.

Wärst du der Berliner Flughafen
dann wäre ich dein Brandschutz.

Wärst du Jogi Löw
dann wäre ich Nivea.

Wärst du die Werbepause
wäre ich die Stummtaste.

Wärst du das Sauerland
wäre ich der Regen.

Wärst du die FIFA
wäre ich die Korruption.

Wärst du eine alte Socke
wäre ich deine Waschmaschine.

Wärst du mein Ziel
ich würde rennen.

Wärst du kein Konjunktiv
ich würde dich lieben.

Weihnachten?

(nach Joseph von Eichendorff)

Markt und Straßen sind gefüllt
Licht blendet aus jedem Haus
Sprintend hetz' ich durch die Gassen
Alles sieht so hektisch aus

An den Fenstern haben Frauen
Sale-Plakate grell geschmückt
Tausend Kindlein quengeln lautstark
Spielen immer mehr verrückt

Und ich wandre aus den Mauern
Bis hinaus in's freie Feld
Hehres Glänzen, viel Bedauern
Verdrängt die Stille dieser Welt

Sterne, hoch die Preise schlingen
Vorbei ist's mit der Einsamkeit
Im 4/4 hör ich's klingen
O du gnadenreiche Zeit!

Welt voller Straßen

In einer Welt voller Straßen
gehe ich überall hin
weil ich an allen Ecken erreichbar bin.
Ich laufe durch die Massen der Gassen
und weiß
wenn etwas passiert wird das Pflaster heiß.

In einer Welt voller Straßen ist alles geplant
jeder Arbeiter wird verwarnt.
Baustellen stellen Stellen in Bau da
schnell fertig, bloß keine Gefahr.

Ich habe keine Probleme
ich bleibe auf dem Weg
ich bin erreichbar auf meinem Steg.

Und irgendwo bin ich immer
dahinter nur ein blasser Schimmer.
Ich gehe auf die Straße und bleibe dort
für immer.
Denn ich weiß zwischen alledem
macht sich meine Not bequem.
Und sollte ich mich mal verlaufen
kann ich mir ja einen Navi kaufen.
Und irgendwo bin ich immer.

In einer Welt voller Straßen
gibt es tausend Wege zu gehen
Hass und Liebe in einem zu sehen.
Irgendwie nicht immer alles verstehen
und du bist Herr von irgendwem.
In einer Welt voller Straßen sagt man sich
von den Wegen abweichen darf ich nicht.
In dieser Welt stehen die Mieter
auf der Straße.

Und irgendwo bin ich immer
dahinter nur ein blasser Schimmer.
Ich gehe auf die Straße und bleibe dort
für immer.
Denn ich weiß zwischen alledem
macht sich meine Not bequem.
Und sollte ich mich mal verlaufen
kann ich mir ja einen Navi kaufen.
Und irgendwo bin ich immer.

Und während das Netz immer dichter wird
bleibt nichts mehr übrig – raffiniert.
Wir schließen unsere Ängste
zwischen Straßen ein.
Irgendwann wird wohl mal Ruhe sein.

Wenn es dunkel wird

Wenn es dunkel wird
wenn selbst der Wirt bewirtet wird
wenn selbst das Blag im Bette pennt
nachdem es stundenlang geflennt
wenn Sterne rufen voller Hast
du hast die Tagesschau verpasst
wenn du bemerkst
schon weit nach acht
dann beginnt
die lieblich Nacht.

Wenn fest umschlungen du mit Kissen
willst am liebsten dich verpissen
guckst Titanic auf Pro Sieben
und bist doch allein geblieben
und reicht der Schrei
laut grellend durch die Dunkelheit
Im Traume ist es Albtraumzeit
die kleinen träumen von Monstern
von Geistern
und Wargen
oder von Internetausfall
da dreht sich der Magen
Wenn dann der Vater Stunden wacht
dann ist sie da
die lieblich Nacht.

Beginnt dann im verträumten Ghetto
im Mondenschein der Weg zum Netto
hörst du den Dietrich leise drehen
wenn im Schatten welche Schmiere stehen
wenn die holde Knarre kracht
dann bricht sie ein
die lieblich Nacht.

Wenn vor Graffiti auf Bahnenschienen
Gestalten friedlich heroinen
wenn der Promillegehalt steigt
und manch Wette man vergeigt
wenn Kleidung Mangelware ist
und selbst der blödste Mann gut küsst
wenn alles dreht im wirren Schacht
Dann rauscht sie sacht
die lieblich Nacht.

Zieht dann die Sonne wieder ihren Bann
ziehen sich die Frauen wieder an
nun erwacht auch Greis und Kind
manche wissen nicht mehr wo sie sind
andere wissen es, gut bewahrt
das Zellenbett ist ziemlich hart
und beginnt das Tagsgeschrei
dann ist die lieblich Nacht vorbei.

Wie ein Salamander

Meinen Freundinnen sagt man nach
sie können gut mit
Menschen umgehen
ich dagegen kann eher gut
Mitmenschen umgehen.
Sie versuchen mich zu verstehen
irgendwas in mir zu sehen
doch meine Lippen pressen sich
stetig aufeinander
und ich bleibe verborgen
wie ein Salamander.

Ich kann das nicht so ausdrücken
mit großen Worten bemalen
und ausschmücken.
Mir fehlt die Gabe
aus einer Anzahl von Buchstaben
die Wörter zu bilden
die meine Gefühle gesucht haben.
Denn ich fühle ja schließlich
manchmal bin ich überglücklich
manchmal denke ich mir: Verdrück dich!
Manchmal könnte ich Wände zertrümmern
und manchmal tausend neue bauen
voller Tatendrang den ganzen Tag lang
mich kümmern um alle, da sein
manchmal geht mir auch alles nur da rein
und hier wieder raus.
Manchmal hat mein Leben
mehr Lachgeschichten
als die Sendung mit der Maus.
Manchmal bin ich himmelhochjauchzend
zu Tode betrübt
und dann immer noch strauchelnd
durchlöchert wie ein Sieb.

Doch egal was sich in mir regt
was mich beschäftigt und bewegt
ich finde nicht die rechten Worte dafür
und horte dafür
alles in mir wie in einem großen Keller.
Doch er füllt sich zusehends
und macht ihn nicht heller.
Ich weiß, ich darf nicht alles
in mich reinfressen
muss es hin und wieder teilen
mit jemandem gemeinsam aufessen.
Doch ich zittere davor
wie in einem Kühlschrank
weil es für mich nie
nach einem richtigen Gefühl klang
zu viel von mir preis zu geben
wollte eher still und leis' leben.
Ohne zu viel Aufsehen zu erregen
mich leise auf einsamen Wegen bewegen.

So bewege ich mich
tanze im Lichte der Einsamkeit
mache mich in mir selber breit.
Trinke die Tropfen
und benetze meine Lippen mit Morgentau
ein Ort auf den ich ohne Sorgen schau.
Denn hier bin nur ich
lasse die Wolken und den Wind vorbeiziehen
mich nur von meiner inneren Sonne führen
ohne vor mir zu fliehen.
Atme feuchtes Laub
verstaubte Erinnerungen
und rostige Lieder
lasse nichts an mich ran
und bewege mich so immer wieder
tanze ganz alleine
und alle Gedanken sind nur meine.

Ich weiß
es könnte anders sein,
doch leise
bilde ich mir ein,
dass ich nicht kann
bleibe allein
in meinem Schneckenhaus.
Niemand kann rein
und ich nicht raus.

Wirtschaftskraft
(nach „Imagine Dragons - Demons")

Wenn die Tage schmelzen
uns platt wälzen
die Bilder die wir haben
nur noch Studios sind.

Wenn Licht und Lachen
sich auf den Weg machen
dahin wo man sie noch braucht
am Morgen

Man hat uns hintergang'
der Weg war uns zu lang
durchfallen wir den Test
dann hält uns nichts mehr fest
Die Herren sind noch grau
Momo Karrierefrau
Was waren wir zusamm'
Ein Hirte und ein Lamm

Wenn wir in Flammen steh'n
nur noch Fassaden seh'n
dann haben wir's geschafft
die volle Wirtschaftskraft
Kein Sommer stört uns mehr
die Köpfe sind längst leer
Dann haben wir's geschafft
die volle Wirtschaftskraft

Ganz ohne Kreuzung
Alle einer Meinung
Die Welt ist jetzt überall

Mit Aktentaschen und Plastikflaschen
trinken wir heute auf das Leben

Wir waren der Stolz der Stadt
Wir wurden immer satt
Das war alles für dich
Warum freust du dich nicht?
Die Straßen bleiben leer
kein Beppo fegt sie mehr
Was waren wir zusamm'
Ein Hirte und ein Lamm

Wenn wir in Flammen steh'n
nur noch Fassaden seh'n
dann haben wir's geschafft
die volle Wirtschaftskraft
Kein Sommer stört uns mehr
die Köpfe sind längst leer
Dann haben wir's geschafft
die volle Wirtschaftskraft

Wer sagt uns das ist gut?
Wer tötet junge Brut?
Wer schließt hier unsre Welt?
Das kostet schließlich Geld

Wer immer besser will
bleibt bald für immer still
Auf Lava ohne Schuh
geh'n wir auf's Feuer zu

Wenn wir in Flammen steh'n
nur noch Fassaden seh'n
dann haben wir's geschafft
die volle Wirtschaftskraft
Kein Sommer stört uns mehr
die Köpfe sind längst leer
Dann haben wir's geschafft
die volle Wirtschaftskraft

Zugbegleiter

„Meine Damen und Herrn
ich begrüße sie gern
im ICE von Köln nach Frankfurt am Main
möge die Fahrt eine erholsame sein.
Wir fahren gerade in Eile vom Dom davon
der nächste Halt ist Siegburg/Bonn.
Dort die RE fährt gleich ganz leis
über Troisdorf nach Aachen von Gleis 1
von Gleis 2 aus kommen sie nach Siegen
und mit der S-Bahn
können sie ohne Stress fahr'n
undvom Flughafen fliegen.

Die Verspätung ist nur minimal
und wird weichen,
sie werden alle Anschlusszüge
noch erreichen.
Wenn sie gerade noch voller Ärger warn,
sehen sie dort die Alternative
zur Deutschen Bahn.
Beobachten sie dort Mann und Frau
sie stehen auf der A3 im Stau.

Nächster Halt ist dann Montabaur
ein politisch motivierter Bahnhof
ich bedauer'
danach Limburg Süd
steigen sie um in den Bus
und sie kommen in den Genuss
Altstadt und Dom zu sehen
doch wollen wir im Programm weitergeh'n.
Dann kommt Frankfurt Airport
vielleicht will der ja irgendwer fort
in die weite Welt
bevor wir dann sind im Zentrum für Geld

erläutere ich ihnen die Anschlusszüge
aber nicht Flüge, wie doof,
für Frankfurt am Main
Flughafen Fernbahnhof:
ICE nach München von Gleis 4
das ist das Gleis direkt gegenüber hier.
Die RE nach Saarbrücken
möchten sie noch frühstücken?
Im Bordrestaurant
gleich nebenan
gibt es leckere Croissants
sie könnten besser nicht sein
Endstation ist dann Frankfurt am Main.
Dort verabschieden wir uns
von allen Fahrgästen
bedanken uns
dass sie so geduldig war'n
und wünschen einen schönen Tag
im Namen der Deutschen Bahn."

Züge

(nach „Adel Tawil - Lieder")

Ich stand in Wanne-Eickel
unter Kohle geweint
sah 'ne Bügelfalte
sie war niemals allein.
Vorm Silberling 'ne V 100 für mich
Werd dich nie vergessen: 184
Ich ließ das Rheingold nie untergeh'n
in meiner wundervollen Welt

Und ich sehe diese Züge
fahr' mit Tränen in den Augen
103 das war mein Held
und 2.1.6 kann es nicht glauben
Und ich flieg von dort nach Hamburg
Ich will ein Schienenstarter sein
Donald wird mich immer lieben
Ludmilla lässt mich nicht allein

Ich war wie 'ne weiße Lady
In Trans-Europa bekannt
Mein Nebenbahnretter
schulde Kruckenberg Dank
Und ich frage mich wann
werd' ich werd' ich berühmt sein
So wie die V 200 für die Ewigkeit
Ich war am Ende der Alpen angelangt
War ein Krokodil, doch dann
Hielt ich 'ne Dampflok in der Hand
Und ich sofort in Flammen stand
Am Himmel flog ein Adler vorbei

Und ich sehe diese Züge
fahr' mit Tränen in den Augen
103 das war mein Held

und 2.1.6 kann es nicht glauben
Und ich flieg von dort nach Hamburg
Ich will ein Schienenstarter sein
Donald wird mich immer lieben
Ludmilla lässt mich nicht allein

Und heute fahr ich Doppelstock
Alles nur Rot
Kein Kopf wie'n Ei
Haben noch großes Talent
Doch gibt es keine 103
Wir sind jetzt Walfisch
Desiro
Integral
Lint
Ich setz die Taucherbrille auf
und springe in die Spree

Taigatrommel
U-Boot
alles ist längst vorbei
Silberlinge rot
Velaro 403
Ich ließ das Rheingold nie untergeh'n
Ob 4.2.0 und Uerdingen

Und ich sehe diese Züge
fahr' mit Tränen in den Augen
103 das war mein Held
und 2.1.6 kann es nicht glauben
Und ich flieg von dort nach Hamburg
Ich will ein Schienenstarter sein
Donald wird mich immer lieben
Ludmilla lässt mich nicht allein

Zwei Maulesel und die Räuber
(nach der Fabel)

Zwei Maulesel gingen über Wege und Dreck
beide beladen mit viel Gepäck.
Einen Korb voll mit Geld trug der erste
der zweite war beladen mit Gerste.
Der mit dem Geld stolzieret da sehr
der andere trottet lahm hinterher.
Plötzlich eilen Räuber aus ihren Verstecken
welche die Mulis erschrecken
und mit ihren Stecken
verletzen sie den einen
fast bis zum Verrecken.
Sie flüchten mit dem Geld
zurück ins Dickicht
die Gerste hingegen interessieret sie nicht.
Das beraubte Tier am Boden weint
der andere zum Gefährten meint:
„Ich jedenfalls freue mich,
dass ich verachtet war,
denn ich wurd' nicht verletzt
und mein Gepäck ist noch da."

Zu guter Letzt

Das allerletzte Gedicht
und dann ist Schicht
Schluss
Aus
Ende im Gelände
time to say goodbye
dabei
geht man doch niemals so ganz
und wenn
erinnert noch ein Kranz
Doch ich kann sagen:
Heute ist nicht alle Tage
ich komme wieder, keine Frage.
Nun denn mal vielen Dank
es war schön,
nicht zu kurz
und nicht zu lang
der letzte geht raus
Licht
aus.

Danksagung

Danke an alle, die es mir ermöglicht haben meinen ersten Gedichtband in bereits zweiter Auflage in den Händen halten zu dürfen und ihn an andere Hände weiterzugeben.

Danke an Stefan für die äußere Gestaltung und an Thomas Block und Achim Möbus. Doch ganz besonders danke ich meinen Eltern, welche mich stets unterstützen und in mir die Begeisterung für das Schreiben und die Sprache geweckt haben.

Über den Autor

geboren 1998 im Ruhrgebiet, aufgewachsen in Kierspe im malerischen Sauerland fand Luca D'Ortona früh seine Begeisterung für Geschichten und Gedichte.
2014 präsentierte er zum ersten Mal öffentlich einen Auszug seiner Werke.
"Wenn es dunkel wird..." erschien 2016.
Im April 2017 folgte das Buch "Tagträume".
Seit Oktober 2016 wohnt und studiert Luca D'Ortona in Bremen.
Texte und Informationen zu Lesungen auf:
www.kulturzitronen.blogspot.de